AF493174

Mitos chilenos
sobre el Pueblo Mapuche

MITOS CHILENOS SOBRE EL PUEBLO MAPUCHE

Carlos Bresciani sj
Juan Fuenzalida sj
Nicolás Rojas Pedemonte
David Soto sj

Ediciones Universidad Alberto Hurtado
Alameda 1869 — Santiago de Chile
mgarciam@uahurtado.cl — 56-228897726
www.uahurtado.cl

Impreso en Santiago de Chile, por C y C impresores
Primera edición de 1.000 ejemplares: abril de 2019

ISBN libro impreso: 978-956-357-182-0
ISBN libro digital: 978-956-357-183-7
Registro de propiedad intelectual Nº 300.578

Dirección editorial
Alejandra Stevenson Valdés

Editora ejecutiva
Beatriz García-Huidobro

Diseño de la colección y portada
Gabriel Valdés E.

Diseño interior
Gloria Barrios A.

Las ganancias por derechos autorales de este libro serán destinados por la Fundación Lican a la revitalización y al fortalecimiento del idioma mapuche en Tirúa.

MITOS CHILENOS SOBRE EL PUEBLO MAPUCHE

Carlos Bresciani sj
Juan Fuenzalida sj
Nicolás Rojas Pedemonte
David Soto sj

uah/Ediciones
Universidad Alberto Hurtado

CENTRO DE ÉTICA Y
REFLEXIÓN SOCIAL
Fernando Vives S.J.
UNIVERSIDAD ALBERTO HURTADO

Jesuitas de Tirúa

Índice

Prólogo

¿Parlamentemos?

Las corrientes de cristianismo en Chile han cumplido un rol central y fundamental en la defensa y/o dominación sobre los pueblos originarios. Cada proceso histórico de nuestro pueblo ha sido acompañado por alguna corriente de la Iglesia. En algún sentido, han sido ellos/ellas los que han sido una especie de "vanguardia" en los engranajes de la dominación.

En esta larga historia de relaciones de las comunidades mapuche con las corrientes cristianas, la vanguardia del colonialismo ha utilizado estrategias como la colonización a partir del evangelio, la guerra defensiva, las misiones y las escuelas cristianas para los hijos de los grandes *lonkos* para su educación/civilización. Solo un ejemplo de ello, el Reglamento de Misiones del Colegio de Chillán de la comunidad franciscana en el que se señalaba en el número 20° que debía trabajarse por reducir las prácticas deportivo/culturales de *palin* y las "juntas perniciosas". Se debía trabajar para "desarraigar de sus corazones tan diabólicos abusos como llenos de jentilicias superticiones"[1].

La comunidad jesuita en su historia ha sufrido expulsiones, adaptaciones y toma de posiciones en el poder. Al ser también "comunidad", recuperan un sentido que caracteriza al mundo indígena: diversidad. Tal vez por esto, el mundo jesuita —aquí representado por la comunidad de Tirua y un académico de la Universidad Alberto Hurtado, como autores— comprende de mejor formar la diversidad y heterogeneidad indígena actual. En ocasiones se exige al Pueblo Mapuche coherencia y uniformidad en sus prácticas. Es importante subrayar que todas las tradiciones y costumbres indígenas fueron creadas en apoyo mutuo en la diversidad, dando pie a reflexiones intelectuales muy profundas que sorprenden a los mismos criollos a la hora de comprender la "cosmovisión" indígena. No planteo que las sociedades indígenas son mejores o peores que otras, solo hago la distinción en un punto: cuando conocemos una sociedad indígena estamos ante un portal al pasado, a los distintos ensayos de sociedad que los más antiguos reflexionaron colectivamente para crear una sociedad en que su base fue la comunidad. Ese tejido social ha sido el pilar de la resistencia que ha sobrevivido a partir de un sinnúmero de estrategias políticas, llevando inclusive a gobiernos del siglo XXI —como Bolivia— a denominarse el Estado de los Ayllu. Serían estos poderes descentralizados los portadores de la universalidad[2].

"Palabra" se repite a lo largo del libro. Para los mapuche es toda una concepción que une lo social y lo político. En

---

[1] Iturriaga (1992).

[2] García Linera (2014).

algún sentido, todo el ser *reche* (entendido como la persona integral) está puesto en ese acto. A mi juicio, la devaluación de la palabra es lo que ha dañado las relaciones de convivencia entre la sociedad criolla y la indígena. Muy distinto a la sociedad hispana que practicó una verdadera ritualidad entorno a la palabra. Tal vez sea esa tradición la que busca recuperar este libro, y el futuro lo veo optimista: es reversible. Pero para ello se hace necesario (re)educar.

Entonces, ¿cómo deberíamos tomar las propuestas de enseñanza, educación y aquellas políticas contenidas en este libro? Primero, como un texto pensado para los no-indígenas, porque aunque duela, la falta de educación sobre historia, política y cultura no es un problema de los mapuche, sino de los criollos que ante la ausencia de una educación integral desde el Estado han sido sometidos sistemáticamente a un desconocimiento abismante-racial. En cada capítulo seleccionado como "mito", los autores explican al no indígena de forma simple y de lo errado de sus postulados, creencias y convicciones. Una pedagogía anti-racial.

Esta propuesta es arriesgada —pero la comunidad jesuita sabe de riesgos—, porque es un acto de valentía en un siglo de "verdades absolutas", dar cuenta de lo errado de las comprensiones sobre el mundo mapuche. Asimismo, es valioso que se hable al no indígena en planteamientos educativos iniciales. No puedo dejar de imaginarme a un agricultor de La Araucanía tomando este libro y desechándolo al tildarlo de falaz, porque la soberbia ha sido uno de los problemas centrales de este no diálogo político y cultural. Nos cuesta asumir que no sabemos, y que el Estado como garante del derecho a una educación universal, a partir de sus escuelas, nos ha brindado una educación racial, sexista y nacionalista. Los tres elementos que se han venido manifestando con conflictividad política y cultural en el último tiempo. De ahí la relevancia de la iniciativa de este libro.

¿Cómo nos observa la comunidad jesuita a nosotros/nosotras? Es un aspecto muy interesante en este libro para las futuras investigaciones. No puedo escribir —y jamás lo haría— a nombre del movimiento político, pero intentando interpretar las propuestas emanadas del movimiento autodeterminista, mi sensación es que es una comprensión de los fundamentos de las razones de su rebelión. No obstante, prevalece una mirada del "buen indígena". Lo que no es un punto de vista del todo cierto, pues también existen elementos de colonialismo en la sociedad mapuche. Hemos dejado a veces de entendernos en apoyo mutuo. Una variable, sin duda, es el resultado de una opresión constante a partir de 1852, luego de la creación de la Provincia de Arauco. También por elementos desarrollados por la misma sociedad de la "reducción", y los embates de estar sujeto al despliegue del extractivismo neoliberal. La sociedad mapuche, sobre todo la que resiste en la zona *lafkenche* de Arauco, ha estado incesantemente atacada por el Estado criollo. La Ocupación de La Araucanía es el resultado final de una larga cadena de dominaciones y guerras que se inicia con la llegada del mundo hispano, pero que luego continúa con la guerra de Independencia las que tomaron ribetes raciales a partir de 1818 y que fue llamada literalmente "Guerra a muerte"[3]. Su escenario fue en las tierras mapuche y, en particular nuevamente, en *Nawelfüta*. Luego de ese periodo, con la creación de la Provincia de Arauco, el despliegue del Estado colonial se concretizó en escuelas, intendencias, municipios y compras fraudulentas. Se trata de una larga historia de violencias en

---

[3] Vicuña Mackenna (1868).

que el cierre final ha sido la construcción social de prejuicios que este libro intenta revertir. Y el fundamento radica en un acto universal, los derechos humanos.

La invitación es a superar las posiciones defensivas, como dicen los autores, para comprender y cuestionar con altura de miras. De alguna forma consiste en revertir la violencia a partir del diálogo y la comprensión. El desafío es volver a "parlar", como decían antiguamente los mapuche; aquello que los españoles-cristianos de la Colonia terminaron entendiendo muy bien. Es la única manera de desaprender/aprender para construir un nuevo contrato social sin exclusión racial.

FERNANDO PAIRICAN
Director de la Colección Pensamiento Mapuche Pehuén Editores
Miembro de la comunidad de Historia Mapuche

Introducción

Somos una comunidad jesuita. El año 2000, después de la invitación del *lonko* Teodoro Huenuman, llegamos a vivir a la comunidad *Anillen*, en *Lavken Mapu* —zona costera del *Wallmapu* o territorio mapuche— en la comuna de Tirúa, provincia de Arauco. Nos movía, tanto ayer como hoy, el deseo profundo de establecer relaciones de amistad y colaboración con este territorio, especialmente con el Pueblo Mapuche.

El paso del tiempo no ha sido en vano, sino preñado de encuentros y desencuentros, alegrías y tristezas, aprendizajes y equivocaciones, acompañamientos y trabajos compartidos. Intentar caminar al ritmo de esta cultura milenaria e intentar ser permeado por ella mediante las relaciones de fraternidad, ha constituido sin duda un lugar de múltiples aprendizajes. Quizás el primero de estos ha sido ensanchar los sentidos y ampliar las posibilidades de experimentar la realidad y el *Küme Mongen* (el Buen Vivir o mejor dicho Buen Con-Vivir mapuche).

Para nosotros, profundamente marcados por la cultura occidental, chilenos y curas de la Iglesia católica, este deseo ha supuesto la disposición a hacer espacio a la sabiduría ancestral de este pueblo, asumiendo la tensión de no negar la historia violenta de colonización, en la que también tenemos parte, como tampoco obviar la sabiduría espiritual que hemos bebido en la Iglesia. Claramente, no somos mapuche ni tenemos la pretensión de serlo, por más admiración que tengamos hacia ellos y ellas. Hemos experimentado el regalo de ir desaprendiendo modos, costumbres, comprensiones y verdades; para volver a aprenderlas, nacidas desde una nueva tierra, desde un nuevo conocimiento y sabiduría, mediadas por la cotidianidad del compartir. El horizonte del desaprender/aprender en que nos encontramos es la paz. El camino es la justicia, es decir, la superación de todo conocimiento, modo, creencia o poder que niega, excluye o violenta a otros u otras y a su cultura.

Es precisamente desde esta experiencia de desaprender/aprender que surge el deseo de entablar una conversación con usted. Invitarle, de algún modo, a participar de este mismo proceso con el fin de ampliar mediante un espíritu de diálogo responsable y profundo, el espectro cognitivo, espiritual y humano de nuestra sociedad. Pasar de un monólogo occidental a una polifonía intercultural.

Como puede ver, esta no es una invitación desinteresada. Urge sumar personas a generar un intercambio comprometido que haga florecer la paz en base a la justicia. Urge tanto por las violencias que oprimen a este territorio y a todos quienes lo habitan, como también, por la necesidad de construir un país libre de racismo y discriminación en todos sus niveles. Urge debatir sobre la complejidad de este conflicto entre el Estado chileno, las industrias y el Pueblo Mapuche;

pues el riesgo de simplificar todo en eslóganes tiene la contracara de la violencia y muerte de niños y niñas, hombres, mujeres y adultos mayores, tanto mapuche como chilenos; y esto no lo podemos tolerar.

Hablamos de violencias en este territorio, pues son diversos agentes, mapuche y chilenos, quienes la ejercen y la padecen, por distintos motivos y de distintos modos. Esta situación a nadie debería dejar tranquilo. Estas violencias se enmarcan dentro de un conflicto, que mientras no sea abordado desde sus raíces, solo provocará extremismos y no dejará de desparramar violencias y sus lamentables consecuencias.

Sabemos que lo estamos invitando a conversar sobre un tema complejo y polémico, en el cual la tentación de levantar muros defensivos o escuchar para rebatir y no para comprender, nos amenaza. Entendemos también, que las palabras en situaciones como estas siempre van cargadas de significados que muchas veces dificultan vehicular el sentido que se intenta transmitir. Por ello nos parece importante explicitar algunas opciones que hemos tomado dentro del presente libro.

Como expresamos en un principio, vivimos en un lugar específico de *Wallmapu* y desde aquí compartimos nuestro pensar. Esto significa, por un lado, que hablamos respecto al Pueblo Mapuche y su territorio desde un lugar específico de este, con el límite y la riqueza que esto implica. Por otro lado, también significa que revisamos la historia, interpretando, valorando y nombrando los acontecimientos desde *Wallmapu*. Para entender qué quiere decir esto, proponemos dos ejemplos que aparecen en los mismos capítulos de este libro.

¿Ha escuchado hablar del desastre de Curalaba? Bueno, es el nombre dado por la historiografía chilena a una importante batalla ganada por los mapuche a los españoles en 1598.

Aquí la llamaremos la Victoria de Curalaba. Efectivamente, comprendida desde el Pueblo Mapuche es una victoria y no un desastre. Como puede ver, el lugar desde donde se lee la historia incide en su interpretación, valoración y los adjetivos con la que la describimos.

El segundo ejemplo es respecto a los españoles, la Corona Española o la Madre Patria, como se nos ha hecho costumbre llamarla desde pequeños en la escuela. Bueno, aquí le llamaremos los invasores españoles. No es por una animadversión contra los españoles ni sus descendientes, sino nuevamente es interpretar, valorar y nombrar desde un lugar específico, en este caso, desde quienes fueron invadidos por la Corona Española y para quienes no existe relación alguna que les haga llamarla Madre Patria. Desde este lado del Biobío el adjetivo para los españoles es "invasores", aun cuando terminaron estableciendo relaciones diplomáticas con ellos y cuando finalmente el último invasor —y posiblemente el más cruel— ha sido el Estado chileno.

Si bien reconocemos que este modo de interpretar, valorar y nombrar la historia puede sonar agresivo, el objetivo de hacerlo dista mucho de la intención de agredir. Más bien, responde a la intención en la base de la invitación que le hacemos a caminar desde el lado sur del Biobío para desaprender/aprender y volver luego a las mismas preguntas, desde una perspectiva más amplia. Estamos conscientes que el proceso puede ser tenso, pues efectivamente implica un cierto desmontaje de comprensiones que genera cierto vértigo, pero que también abre la posibilidad de entendimientos más amplios y complejos. En nuestra experiencia ha sido muy enriquecedor aprender del Pueblo Mapuche, pero para esto es necesario desaprender y dejar a un lado los prejuicios y las preconcepciones que, históricamente, nos alejan.

Otra opción que hemos asumido es ofrecerle capítulos relativamente pequeños y de fácil lectura. Si bien encontrará numerosas notas al pie, estas tienen por fin dar profundidad al diálogo, huyendo de la simple opinión. En aquellas notas encontrará referencias a un conjunto de documentos que apoyan lo desarrollado en cada capítulo y que podrán orientarlo en caso de requerir más información. Asumimos que uno de los principales problemas para resolver este conflicto, como para acabar con la discriminación y la exclusión política y económica del Pueblo Mapuche, es nuestra falta de información como sociedad. Por ejemplo, uno de los documentos que más citaremos es el Informe de la Comisión de Verdad Histórica y Nuevo Trato con los Pueblos Indígenas. Será una de las fuentes que utilizaremos considerando que se trata de un documento oficial del Estado de Chile, que fue realizado por una comisión de historiadores y otros actores cercanos a la realidad indígena de nuestro país y, por tanto, constituye una memoria y consciencia objetiva de nuestro país respecto a la relación con los pueblos indígenas que estaban antes de nosotros en este territorio.

Si bien el texto que tiene en sus manos será de provecho para cualquier persona interesada en el tema, está especialmente escrito para chilenos. Partimos de la idea de que este conflicto territorial no es solo mapuche sino también chileno y nos interesa aquí transmitir algunas ideas y realidades que —siendo obvias para gran parte del Pueblo Mapuche— a nosotros como chilenos nos han ayudado a mirar el conflicto desde una perspectiva más simétrica, crítica y próxima. En el primer capítulo, en una lógica más testimonial, nos referiremos a nuestro diálogo con la religión mapuche como religiosos que somos; sin embargo, en los capítulos siguientes abordaremos otras dimensiones del conflicto, por cierto, desde nuestras creencias y posiciones, pero principalmente como ciudadanos y habitantes del territorio.

En colaboración con el Centro Fernando Vives de la Universidad Alberto Hurtado, durante los últimos años hemos intentado vincular nuestra experiencia de vida en *Wallmapu* con una reflexión histórica y política, reconociendo la necesidad de conectar a la academia con las realidades y los saberes propios del territorio. Este libro surge de una reflexión colectiva. Nos gustaría contribuir a que revisemos críticamente las miradas, las ideas y los mitos que históricamente hemos construido como sociedad para representar al Pueblo Mapuche y para sustentar las asimetrías e injusticias que parcialmente nos favorecen, pero que relacionalmente tanto nos disminuyen. Esperamos que la invitación a caminar la historia conversando, desde este lado del Biobío, le permita entrar en el proceso de desaprender/aprender para que juntos podamos enriquecer la discusión y construcción de un país más justo y menos excluyente. Sin duda, todos tenemos algo que aportar.

Buena lectura.

Mito 1

"¿Religión mapuche? Religiosidad querrá decir"

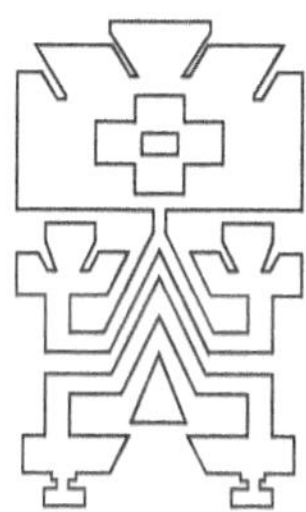

Generalmente a las autoridades religiosas indígenas, les llamamos "chamanes" e inctluso "brujos", lo mismo pasa con los o las *machi*. Pero qué distinto nos trata la sociedad chilena a nosotros, como sacerdotes católicos. ¿Acaso sabemos y valemos más que ellos? ¿Acaso nuestra religión, nuestra fe y nuestra estructura organizativa son superiores? Creemos que no y que este favoritismo que nos beneficia no es justo, pues nuestra convivencia con el Pueblo Mapuche nos ha permitido aprender a valorar sus tradiciones y su espiritualidad pero también su organización e instituciones. Vivir en territorio mapuche durante estos últimos años con la intención de ser un vecino más, sin pretensiones proselitistas, ha sido una experiencia de mucho aprendizaje y crecimiento. Un "caminar juntos, pero no revueltos", como alguno de nuestros vecinos señala. Una posibilidad de acercarnos no solo a las ideas del Pueblo Mapuche sino, sobre todo, a sus vivencias, sus costumbres y su propio orden.

Para chilenos nacidos y criados en la urbe como nosotros, las vivencias en torno a la tierra han sido nuevas y significativas. Acercarse a otro modo de vida, que tiene más que ver con los ritmos que marca la luz del sol, el largo de la noche, el clima, la disponibilidad de agua, los animales silvestres y de crianza. Aproximarse al trabajo que conlleva romper la tierra, prepararla para la semilla, esperar que el agua acompañe lo necesario y que las pestes se mantengan a raya, y finalmente agradecer por los frutos que serán alimento para el año.

La madre tierra, la *Ñuke Mapu*, también se nos ha mostrado a través de su desgaste, por el cansancio de tanta siembra intensiva, y por el daño infringido en el suelo y las aguas debido a las abundantes plantaciones industriales de árboles exóticos, como el eucaliptus y el pino. Ese llanto se incrementa con el paso de los años, en la medida que no tomamos conciencia de nuestras acciones para con ella.

Hemos vivenciado un modo de relaciones entre las personas que tiene que ver con el visitarse sin previo aviso, dejando la actividad que realizaba para sentarse juntos en la cocina para compartir la vida y los alimentos. Esto tiene que ver, también, con familias extendidas que se crían en torno a un fuego común y al afecto de los mayores, donde no importa tanto quién es hijo de quién sino que todos son parte, y se acoge a quien no es de su sangre haciéndolos sentir como si lo fueran.

Esta capacidad y práctica se expresa también, cuando alguien parte de este mundo y la familia sigue las instrucciones del difunto de atender lo mejor posible a sus visitas durante las tres noches de despedida, siendo una oportunidad de encuentro entre las familias y de reconciliación frente a antiguas diferencias. Asimismo cuando hay trabajos grandes que hacer, se participa del *mingako*, recibiendo la ayuda de los vecinos a cambio de la comida y de una *devuelta de mano* cuando se necesite. La gracia de la reciprocidad.

Vivencias que tienen que ver también con ser invitado y participar de las celebraciones religiosas y espirituales. La relación con la tierra y los demás también son celebraciones espirituales, pero otras como los *nguillatun, llellipun* y *machitun* son más densas en su significado, y ahí también nos hemos sentido hermanos unidos en torno a una vivencia común. Hemos participado de la religión mapuche, una religión que toma los elementos de la vida cotidiana —la naturaleza, los alimentos, las relaciones— y los hace celebración espiritual, compartiendo el *ngolngol* (plato ceremonial que se presenta), la *challa korü* (ollas de comidas que se ofrecen) y el *küni matetun* (en las ramadas se atiende a sus visitas y otros vecinos sirviendo comida y mate). Su gran templo es el escenario abierto de la naturaleza, y el *rewe* con el canelo en el centro ceremonial. Se relacionan con Dios y las fuerzas espirituales, elevando su rogativa al Padre-Madre Dios, dueño y sostenedor de todo. Se sintetiza, por ejemplo, en la plegaria que dirige la *machi*[1], y que eleva espontáneamente toda la asamblea al unísono, en la lengua que Dios nos ha regalado a cada uno, y que confirma luego con todo su cuerpo a través del *purrun* (baile).

Hemos sido testigos de las vivencias de la religión mapuche en torno a la salud del pueblo y de las personas; de la salud que toma al enfermo como un ser completo, en sus diversas relaciones, tan distante al modelo occidental centrado en la dolencia de una parte de la persona. Una medicina donde la *machi* actúa como agente principal, a través de su sabiduría y de lo que se le comunica a través de sueños y

---

[1] Pueden ser hombres o mujeres.

visiones, y donde la misma naturaleza, a través de sus plantas, ofrece los elementos que ayudan a recobrar el equilibrio y la sanidad.

Ha sido profundamente significativa la posibilidad de tener una conversación espiritual con algunos *machi*. Reconocer en ellos autoridades espirituales con las que compartimos un llamado de Dios, de consagración de la propia vida, para dar más vida a su pueblo. Historias, que al igual que la nuestra, tienen muchos sufrimientos y dolores, que pasan por momentos de dificultad y resistencia, pero que al final del día confirman su seguimiento porque hay Otro que nos ha llamado y nos sigue acompañando en este camino de consagración.

Estas vivencias del diario vivir tienen como trasfondo una sabiduría que poco a poco hemos tenido la fortuna de percibir, es lo que los *kimche* (sabios mapuche) denominan el *Küme Mongen* (Buen Con-Vivir). Idea que más allá de poder definirse con criterios claros y distintos, se va develando en las actividades y vida cotidiana. Es el anhelo de una vida en armonía con todos los seres, con los demás hombres y mujeres, con Dios y las fuerzas espirituales, con la naturaleza en sus infinitas manifestaciones y con uno mismo. Por cierto, aún estamos lejos de vivirlo en plenitud en este territorio, pero es el horizonte hacia el que se mira y se avanza.

Desde el *Küme Mongen* la relación con la naturaleza es de interacción y no de apropiación. Así, es común que cuando se va a sacar algo de ella se le pida permiso, como también para circular en determinados lugares o hacer una gran intervención en ella, como construir una casa. Es una relación de reconocimiento, de respeto y reciprocidad con quien sustenta la vida de la comunidad.

Nos han enseñado que todos forman parte del territorio, la *Ñuke Mapu* y las personas, así como las fuerzas y energías que están presentes. Y como parte de este todo, se relacionan, y se deben cuidar los equilibrios, a través del respeto, reconocimiento y reciprocidad.

Este "caminar juntos, pero no revueltos" es una invitación a mantener la propia identidad, al mismo tiempo que reconocemos y respetamos la identidad del otro. Eso es lo que hemos vivido en esta tierra, ser acogidos desde lo que somos, pero invitados a abrir los sentidos a algo distinto que se devela en la ruta. Es una invitación a compartir y ofrecer lo que cada uno tiene, sin imponer la propia cultura ni religión, sin la pretensión de asimilar al Pueblo Mapuche sino de enriquecernos con la relación.

La vivencia durante estos años ha permitido acercarnos a otros modos de entender las relaciones entre las personas y, sobre todo, las relaciones con los otros elementos que conforman la realidad, como son la naturaleza y las fuerzas espirituales. Reconociendo y respetando al Pueblo Mapuche estaremos al mismo tiempo haciéndole un bien a la cultura predominante, permitiéndole beber de esta cultura originaria que ofrece un paradigma distinto de las relaciones y del vivir en el mundo. Posibilitando una vida digna para este pueblo estaremos posibilitando la construcción de un mundo más justo, diverso y acogedor. Somos dos pueblos que podemos vivir en un mismo país, si procuramos los modos y espacios para que esa vida sea sustentable a largo plazo.

Acercarnos con humildad y respeto, como cristianos y sacerdotes, pero primeramente como hermanos. Desde ahí hacer camino, no para tratar de llevar el agua hacia el molino propio, sino para reconocer que en este mundo compartido, Dios nos ha regalado algo valioso a cada uno que debemos cuidar. El entrar con respeto al mundo del otro, nos ha obligado a callar en muchos momentos, a escuchar cómo, al ritmo del *kultrun*, hay una vida que palpita y que quiere seguir latiendo, a prestar atención al latido que en nuestro propio corazón y cuerpo estas nuevas vivencias van marcando, a estar alerta al nuevo ritmo y nuevos valores que se descubren en las coordenadas de estas tierras y de este pueblo.

Es por todo esto, que cada vez que escuchamos hablar de brujería mapuche, religiosidad o cualquier otro término despectivo para referirse a la sabiduría espiritual ancestral de este pueblo, no podemos ver en ello más que un rostro del racismo. Y si bien, comprendemos que para las discusiones eruditas de quienes no somos mapuche, los esfuerzos por buscar etiquetas que definan este acontecimiento —tales como, "teología indígena", "espiritualidad", "religión", "sabiduría" y un largo etcétera— son significativos, resulta secundario frente a algo que está vivo, que da vida y sostiene espiritualmente a este pueblo —y a quien se acerca— hace más de un milenio. A esta realidad nada le suma la definición que otros le den, sino el respeto que le demostremos. Y en este sentido, llamarla religión no apunta a definirla, sino a reconocerle igual valor.

Creemos que solo un diálogo interreligioso e intercultural hará posible avanzar en la convivencia y en la sustentabilidad del territorio y el planeta. Así como le pedimos a los mapuche católicos que antes de venir a nuestra iglesia se conecten con sus raíces y su propia religión, mucho aprenderíamos como sociedad chilena de esta religión, que va incluso más allá del *machitun* y de la figura "exotizada" y misteriosa del/a machi.

En el siglo XXI vemos en la interculturalidad el camino hacia una rica y sana convivencia, siempre y cuando suponga un diálogo simétrico y un reconocimiento mutuo.

Mito 2

"Los mapuche son una etnia que es parte de Chile"

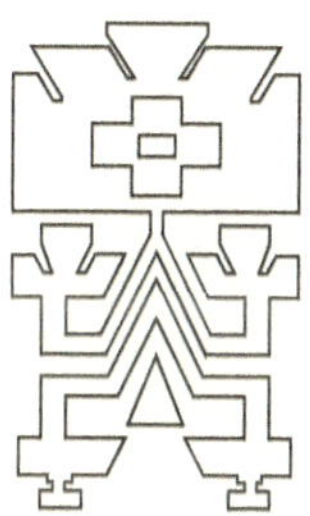

¿Qué le parece la siguiente opinión?:

Los mapuche no son más que una etnia indígena de escaso desarrollo cultural, como demuestra su falta de escritura, de ciencias complejas, de idioma y de religión, entre otras dimensiones. Si bien, sufrieron la violencia de los españoles, al final deberían agradecerles, como al Estado chileno, por ofrecerles una oportunidad de salir del retraso y pobreza en que se encontraban. Ahora último, han enarbolado el discurso ideologizado de considerarse un 'Pueblo' con territorio, 'Cultura' propia y todo aquello. Todo esto, no es más que un intento de aprovechar su condición para acceder a beneficios estatales. Nunca hubieran estado mejor que ahora, y más encima, alegan.

Si usted concuerda con esta opinión, en parte o totalmente, lo invitamos a conversar.

Según nuestra experiencia en *Wallmapu*, dicha opinión es parte del repertorio de prejuicios construidos en torno al Pueblo Mapuche. No siempre tan grotescos, pues el racismo naturalizado de nuestra sociedad se manifiesta en términos y expresiones sutiles que utilizamos corrientemente[2]. En estas páginas, le invitamos a una conversación que nos permita desaprender/aprender respecto a lo que hay detrás del término "etnia" y la idea de que los mapuche son simplemente chilenos[3].

Comencemos por el término "etnia", aunque valga la advertencia, la fuerza de este vocablo no está en su definición académica[4], sino en su significado jurídico-político que explica la opción política de esta definición. Como toda acción política, la de designar "etnia" al Pueblo Mapuche, requirió elementos que la validaran ante la ciudadanía, entrando en

---

[2] La naturalización de las conductas y estructuras discriminadoras, bien las comprenderán las mujeres, los no heterosexuales y otras poblaciones históricamente discriminadas en nuestra sociedad.

[3] Es posible que usted se haya formado la opinión que acabamos de tachar de solapadamente racista. No sería nada extraño, pues vivimos en un país cimentado sobre un ideal centro-europeo, culmen de la "cultura" y civilización; que tiene su contracara en la negación radical de su identidad indígena, recordatorio inmundo y vergonzoso del "retraso" y "la barbarie". Esta tensión histórica se concretó en sistemas y estructuras institucionales, que con el paso del tiempo fueron naturalizando el racismo. Todos quienes habitamos Chile nos hemos educado con tales puntos ciegos. Nosotros, quienes escribimos estas páginas, también. Numerosas veces nos hemos atrapado en nuestro racismo, sorprendidos de los recónditos lugares donde se agazapa y los intrincados mecanismos en que se manifiesta. Es por ello, que lejos de querer traerlo a juicio a usted, queremos compartir las perspectivas que nos han ayudado a desaprender/aprender para un comprender distinto, a cuestionar lo que parecía obvio y abrirnos a rehacer la historia que asumimos sin escuchar al que era negado.

[4] Aquí la discusión iría en torno a la comprensión de "etnia" como un concepto utilizado por la antropología (por tanto, una definición occidental) que refiere a las tradiciones religiosas, sociales, económicas, lingüísticas y artísticas de determinados grupos humanos y el modo en que son traspasadas. Dentro de esta disciplina la misma definición convoca discusiones, dado que "etnos" en griego se puede entender también como pueblo, abriendo una serie de especulaciones al respecto, que nos aleja de nuestro tema.

juego así uno de los paradigmas desde los cuales se construyó nuestro país: el racismo[5]. Si bien, difícilmente alguno de nosotros podría admitir abiertamente validar el racismo, dos siglos de estructuras y prácticas racistas naturalizadas nos continúan dejando demasiados puntos ciegos, prejuicios desde los cuales comprendemos la realidad, muchas veces sin percibirlo.

¿Qué significados y evocaciones produce el vocablo "etnia" en nuestro país? Nos aventuramos a decir que evoca a agrupaciones indígenas de un tiempo contrapuesto a la modernidad, que existen en el presente como remanente de su verdadero tiempo, el pasado. Esto explica la dificultad para encontrarles un lugar en la sociedad que no sea en los museos, los de concreto, o el novedoso etno-turismo. Las personas de tales agrupaciones serían aquellas que conservan antiguas organizaciones y sistemas rudimentarios, expresión de su estado evolutivo cultural inferior al de la sociedad moderna contemporánea, motivo por el cual necesitan ayuda. Los mapuche, bajo esta perspectiva, no pasan de ser una muestra folclórica de lo que existió, una muestra de la riqueza cultural chilena, una agrupación de gente que, como animales en peligro de extinción, el Estado debe cuidar. Así, no es de extrañar que el pensamiento, la cultura, los conocimientos y sabiduría de esta agrupación de gente del pasado no encuentre lugar político para pensar siquiera su propio destino, menos el de nuestro país. Increíblemente nos parece natural

---

[5] Si bien no es el objetivo de este escrito abocarse a este tema, sí es conveniente notar que desde la misma gestación de la independencia chilena, el ideal del ser humano y la sociedad se encuentra en la cultura latina, en ese entonces encarnada por Francia. Así, la tarea de toda sociedad es llegar a ser parte de ese ideal cultural. La cercanía/lejanía de tal ideal, establecía una escala descendente de la posición y valor que se tiene dentro de la sociedad. Así, comenzaba por los criollos con más sangre europea hasta llegar a la negación o distancia absoluta respecto al ideal, el indígena y todo lo que lo rodea, entiéndase cultura.

que quienes llevan más de mil años de vida organizada deban de un día para otro ser considerados como una simple agrupación sin capacidades e ignorantes por no ver el mundo desde el mismo paradigma cultural que nosotros.

Pero revisemos juntos una síntesis del caminar del Pueblo Mapuche para comprender mejor lo grotesco de las percepciones compartidas en el párrafo anterior.

Lo primero que notaremos es que el Pueblo Mapuche es fruto de una etapa germinal de 500 años de distintos desarrollos culturales que van ganando trazos comunes[6] hasta decantar en el año 1.000 d. de C., en una cultura claramente singular[7]. Es decir, durante medio milenio fue generándose una manera particular de comprender el mundo, crear conocimiento, elaborar mediaciones sociales, económicas, políticas y religiosas para afrontar los desafíos y proyectarse en el tiempo. Quizás esto nos aclare a los chilenos la dificultad para definir nuestra cultura y nuestra identidad ¡si recién llevamos dos siglos de existencia!

Luego, pasaron 500 años más —sí, ¡medio milenio!— en que el Pueblo Mapuche, constituido como una cultura particular, vivió y se desarrolló desde las tradiciones que lo alimentaban. Si bien su influencia cultural llegó a extenderse hasta el río Choapa por el norte, su territorio iba desde los valles centrales hasta la isla de Chiloé por el sur[8] y hasta

---

[6] Alrededor del año 500 d. de C., por la zona que hoy es Chillán, se tiene evidencia de distintos desarrollos culturales alfareros con trazos comunes que manifiestan cierta homogeneidad, distinguiéndose tres sectores geográficos desde donde vienen las raíces de la cultura mapuche (Comisión Verdad Histórica y Nuevo Trato con los Pueblos Indígenas, 2008: 69).

[7] Comisión Verdad Histórica y Nuevo Trato con los Pueblos Indígenas (2008: 70). Para profundizar en la discusión arqueológica respecto a estos desarrollos, puede revisar Bengoa (2003: 31-34).

[8] Comisión Verdad Histórica y Nuevo Trato con los Pueblos Indígenas (2008: 320). Según Mariman *et al.* (2006: 19) a inicios del siglo XVI el espacio territorial en que se asientan quienes componen la cultura mapuche comprende "desde el río

el Atlántico por el este, abarcando la mayor parte del territorio que hoy ocupa Argentina (*Puelmapu*). Si estudiando historia chilena en la escuela aprendimos que la cordillera de Los Andes es un muro natural que nos divide con Argentina, estudiando historia del Pueblo Mapuche desaprendemos/aprendemos que la misma cordillera era un lugar de relaciones y encuentro, con numerosas rutas que, como en todo el territorio, comunicaban distintos sectores[9]. Incluso hoy esto continúa ocurriendo[10]. Los estudiosos de las fronteras geográficas hoy saben que estas, en la práctica, son verdaderas epidermis que, más que separar, ponen en contacto a distintas comunidades y pueblos[11].

Este medio milenio hasta antes de la llegada de los invasores españoles, significó el desarrollo de una cultura asentada en una gran variedad de ecosistemas con diversidad de rasgos particulares, con una estructura armónica de relaciones, con relativa abundancia[12] y ausencia de guerras permanentes entre sus miembros[13] —como sí conocemos en occidente. Una estrecha relación con su territorio y recursos

---

Limarí por el norte, hasta la isla de Chilwe (Chiloé) en el sur, por el lado occidental de la cordillera de los Andes, y desde las laderas orientales de este mismo cordón montañoso, en las zonas norte y centro de la provincia de Neweken, y al sur de la actual provincia de Mendoza en Argentina".

[9] Mariman *et al.* (2006: 77).

[10] Por ello es tan fácil levantar tesis conspirativas entre los mapuche del *Puelmapu* (territorio mapuche en que se encuentra el Estado argentino) y *Gulumapu* (territorio mapuche en que se encuentra el Estado chileno), pues *siempre* ha sido un canal fluido de comunicaciones. Lo que nos llama la atención es la decisión del Estado chileno, sin consulta, de cerrar pasos ancestrales que comunican al Pueblo Mapuche.

[11] Grimson (2005).

[12] La sociedad mapuche como una sociedad abundante es característico de las crónicas que se hacía sobre ellas (Comisión Verdad Histórica y Nuevo Trato con los Pueblos Indígenas, 2008: 323).

[13] Comisión Verdad Histórica y Nuevo Trato con los Pueblos Indígenas (2008: 329).

naturales[14] caracterizan la vida de este Pueblo, transparentado hasta hoy en sus demandas. También desarrollaron estructuras sociopolíticas que dotaron a la sociedad mapuche de un sistema de integración social, en el cual, la familia amplia, extendida y compleja jugaba un rol importante en la organización social y división del trabajo[15]. Lamentablemente, muchas veces la cultura del Pueblo Mapuche la hemos evaluado bajo nuestro paradigma cultural occidental, sin considerar el propio paradigma mapuche[16], lo que ha redundado en un menosprecio racista.

En el siglo XVI llegaron los invasores españoles, una de las principales potencias europeo occidentales, lo que significó el repliegue territorial del Pueblo Mapuche hasta la orilla sur del río Biobío. Podríamos decir que la fundación de Santiago en 1541 inauguró cien años de guerra entre los invasores españoles y un Pueblo Mapuche hasta entonces no guerrero. El equilibrio de fuerzas dio paso a una iniciativa de la más alta diplomacia, digna de una cultura como la mapuche, experta en el arte del *koyangtun* (alcanzar acuerdos): los parlamentos. De este modo, la violencia y su conflictividad fueron conducidas políticamente a través de 28 parlamentos, entre 1641 y 1803. El Pueblo Mapuche es reconocido como la contraparte de la poderosa Corona española, esto es, como un reino, país

---

[14] Combinaba formas productivas como la caza, la recolección y la horticultura (Comisión Verdad Histórica y Nuevo Trato con los Pueblos Indígenas, 2008: 322).

[15] Comisión Verdad Histórica y Nuevo Trato con los Pueblos Indígenas (2008: 327-328).

[16] Efectivamente, la lógica de la organización mapuche responde a sus propios patrones culturales, distintos de los occidentales desde los cuales fue (y es) evaluada (Comisión Verdad Histórica y Nuevo Trato con los Pueblos Indígenas, 2008: 327). Esto no quiere decir que el Pueblo Mapuche sea hoy solo tradición, sino más bien cuenta con su propia modernidad, con su propio proyecto emancipador y principios universalistas (sin ningún ánimo expansionista el *Kume Mongen* contempla toda la creación y su preocupación por sustentabilidad y el equilibrio no se limita a *Wallmapu*, pues entienden la realidad como interdependiente).

o nación vecina[17]. Notará usted que todo esto dice respecto a los mapuche que son algo más que una agrupación de personas de prácticas rústicas.

No nos extenderemos al periodo del Estado chileno, pues lo abordaremos más adelante[18]. Sí conviene destacar la continuidad histórica y cultural desde el año 500 d. de C. que perdura hasta hoy, esto es, el Pueblo Mapuche que continúa viviendo, trabajando, celebrando, luchando y muriendo en el mismo territorio y con su misma cultura en continuo desarrollo[19] ¡más de 1.000 años![20]. Notará usted lo extraño —por no decir violento— que debe sonar a oídos de un mapuche esto que 'los mapuche son parte de Chile'. Imagine que durante más de ocho siglos de vida y desarrollo

---

[17] Lo significativo, más allá del término que sea apropiado, es el reconocimiento de la autonomía y territorialidad del Pueblo Mapuche.

[18] Si conviene, debido a que puede enriquecer nuestra conversación, considerar el modo en que describió la sociedad mapuche en 1845 —cuando ya existía el Estado chileno— Ignacio Domeyko, un distinguido científico que tuvo una participación importante en la fundación de la Universidad de Chile y que no carecía de elementos racistas. Esto, considerando que estamos en pleno periodo en que se trata de justificar el plan de apropiación chilena de tierras mapuche, bajo el argumento de "civilizar". En su diarios de viaje, anotaba lo siguiente: "Si bajo este nombre comprendemos (lo que muchos civilizadores entienden) el trato exterior del hombre, su modo de vestirse, las comodidades que sabe proporcionarse, un cierto lujo y el uso de los útiles más necesarios a la vida doméstica, su habitación y el modo como recibe en ella; si en fin, bajo este nombre se entiende la industria del hombre, es decir cierta inteligencia que le sirve para mejorar su bienestar físico, su modo de pelear y de negociar con sus vecinos, una cierta perspicacia y casi malicia en sus relaciones con sus semejantes; confieso que, si esto solo se llama civilización, los indios araucanos no son salvajes, y tal vez son más civilizados que una gran parte de la plebe chilena, que muchos de sus civilizadores de la frontera" Mariman *et al.* (2006: 87).

[19] El continuo desarrollo refiere a la comprensión del concepto de cultura como realidad histórica y dinámica, abierta y cambiante con capacidad de guardar memorias fundantes, y así servir de referencias más o menos estables para la constitución de identidad. En este sentido, se contrapone a concepciones monolíticas, esencialistas o cerradas, que la rigidizan y alejan del contexto y situación en que se dan sus desafíos y construcciones.

[20] No deja de ser sorprendente la diferencia contra los aproximadamente 200 años del Estado chileno. Eso, sin contar los 500 años en que decantó en una cultura el Pueblo Mapuche. Como notará, las diferencias son abismales.

del Pueblo Mapuche, los chilenos no existimos, y de repente ellos deben comprenderse como parte de nosotros. Hay algo extraño ¿no?

Este brevísimo recorrido nos debería dejar algunas preguntas, especialmente respecto a la prepotencia y soberbia que se nos cuela cuando miramos a un pueblo milenario que autónomamente ha sido capaz de desarrollarse desde sus propios paradigmas culturales, resolviendo cuestiones económicas, políticas y sociales, destacando la resolución pacífica de conflictos con los invasores españoles mediante la diplomacia, como demuestran los parlamentos.

Ahora bien ¿por qué hablamos de "etnia" y no de 'Pueblo' Mapuche?

El término "etnia" lo usa el Estado chileno en la Ley Indígena creada en 1993[21]. Parte de las promesas adoptadas en la campaña presidencial de 1989 por Patricio Aylwin para obtener el apoyo de los pueblos indígenas fue realizar un proceso mediante el cual estos aportaran en la construcción de la nueva democracia. Así, durante su gobierno se creó la Comisión Especial de Pueblos Indígenas (CEPI) encargada de crear el borrador que desembocaría en la propuesta de Ley Indígena, y dentro de cuyas propuestas fundamentales estaba otorgar reconocimiento constitucional a los pueblos indígenas[22], en línea con el Convenio n° 169 de la OIT[23]. El

---

[21] Artículo 1°, Ley Indígena 19.253: "...reconoce que los indígenas de Chile son los descendientes de las *agrupaciones humanas* que existen en el territorio nacional desde tiempos precolombinos, que conservan manifestaciones *étnicas* y culturales propias...".

[22] Sí, el mismo que se ha prometido y *recontra* prometido en cada ocasión que se quiere obtener algo de los mapuche. El mismo que también hoy, es promesa.

[23] El propio Gobierno de Chile lo describe de la siguiente manera: "El Convenio 169 de la OIT (Organización Internacional del Trabajo) sobre Pueblos Indígenas y Tribales en Países Independientes, es un tratado internacional adoptado en Ginebra, el 27 de junio de 1989, siendo ratificado por nuestro país en septiembre del año 2008, entrando en vigencia el 15 de septiembre del año 2009. Dicho

trámite y las modificaciones por las que pasó dicho borrador no contó con la participación de ninguna persona perteneciente a pueblos indígenas, y sí contó con participación de varios expertos y hasta senadores designados. Uno de sus resultados fue la definición de "etnia" para referirse a pueblos indígenas.

¿Por qué? Lo que estaba en juego eran los derechos políticos colectivos. El término 'Pueblo' era (y es) el utilizado por los instrumentos políticos internacionales[24] sobre materia de derecho indígena, donde se abordan temas como autonomía, autodeterminación, territorialidad, etc. Por el contrario, "etnia" no aparece en estos instrumentos, excluyendo la posibilidad de invocarlos para reclamar derechos colectivos[25]. Esta artimaña retórica se trata en la práctica de una de las tantas letras chicas en las promesas del Estado chileno al Pueblo Mapuche, dicho sea de paso.

Pero los derechos indígenas no eran exclusivamente tema en Chile, sino también de la reflexión internacional, en especial, sobre la relación de los estados modernos con los pueblos indígenas. Por ello, ya en aquel tiempo era significativo

---

convenio establece el deber para el Estado de Chile de consultar las medidas legislativas y administrativas susceptibles de afectar directamente a los pueblos originarios, estableciendo procedimientos apropiados de consulta a los pueblos interesados, de buena fe y con la finalidad de llegar a un acuerdo o lograr el consentimiento acerca de las medidas propuestas. El convenio 169 de la OIT, regula además materias relacionadas con la costumbre y derecho consuetudinario de los pueblos originarios, establece ciertos principios acerca del uso y transferencia de las tierras indígenas y recursos naturales, junto con su traslado o relocalización. Finalmente, se refiere a la conservación de su cultura y a las medidas que permitan garantizar una educación en todos los niveles, entre otras materias", disponible en http://www.consultaindigenamds.gob.cl/qconvenio.html. Web consultada en 03-06-2018.

[24] Como por ejemplo, el Convenio N° 169 de la OIT (1989) o la Declaración sobre los Derechos de los Pueblos Indígenas de la ONU (2007).

[25] Bengoa (2002: 200-202).

y claro el pronunciamiento respecto a la importancia de incorporar los derechos políticos colectivos para un adecuado reconocimiento, tal como lo expresarán los instrumentos internacionales sobre la materia. En efecto, si caminamos por aquí, podrá observar que ya en 1987 estaba obsoleto el término "etnia" y existían elaboraciones sobre el término 'Pueblo' aplicado a los indígenas[26]. En 1989[27] la OIT aprueba el famoso Convenio N° 169 en el cual se reconoce categóricamente a los indígenas como 'Pueblo'[28]. Más tarde, en 1999 después de 12 años de estudio, el relator especial de la ONU para Pueblos Indígenas, José Martínez Cobo, llegaba a la siguiente conclusión: "No he podido hallar argumento jurídico suficiente para que pueda defenderse la idea de que los indígenas han perdido su personalidad indígena internacional como naciones/pueblos"[29]. El año 2007 la ONU aprueba la Declaración

---

[26] José Martínez Cobo, relator especial de Naciones Unidas para los Pueblos Indígenas, definía a estos como: "Comunidades, pueblos y naciones indígenas son aquellas que, poseyendo una continuidad histórica con las sociedades preinvasoras y precoloniales que se desarrollaron en sus territorios, se consideran disímiles de otros sectores de las sociedades dominantes en aquellos territorios o parte de los mismos. Ellos componen actualmente sectores no dominantes de la sociedad y están determinados a conservar, desarrollar y transmitir a las generaciones futuras sus territorios ancestrales y su identidad étnica como base para su continuidad como pueblos en conformidad a sus propios patrones culturales, instituciones sociales y sistemas legales" (Meza-Lopehandía, 2009: 13).

[27] El mismo año en que los pueblos indígenas convocados por el candidato Patricio Aylwin inician un trabajo en el que pedirán reconocimiento constitucional y aprobación del Convenio N° 169 de la OIT, y que dicho candidato se compromete a llevar adelante. Lamentablemente, en 1993 se crea la Ley Indígena chilena, no otorgando el reconocimiento constitucional y postergando la aprobación del Convenio citado, que solo verá luz el año 2008, 18 años después de lo prometido y un año después de que había sido promulgada por la ONU la Declaración de los Derechos de los Pueblos Indígenas, el documento más avanzado en la materia hasta entonces.

[28] Después de las discusiones sobre el uso de "Poblaciones" en el Convenio 107, se estableció que "el único término correcto era el de 'pueblos', ya que este reconoce la existencia de sociedades organizadas con identidad propia, en lugar de simples agrupaciones de individuos que comparten algunas características raciales o culturales" (Meza, 2009: 21).

[29] Meza-Lopehandía (2009: 13).

de los Derechos de los Pueblos Indígenas que representa un decantado de la evolución de distintos instrumentos e interpretaciones respecto al derecho indígena. Básicamente, con esta declaración acaba la negación de los derechos colectivos de los pueblos indígenas[30]. Como bien sintetiza James Anaya[31], con esta Declaración no se crean nuevos derechos, sino que se "reconoce a los indígenas derechos relativos a los pueblos y a las personas actualmente vigentes en el derecho internacional de los derechos humanos, pero que hasta ahora no les han sido respetados por muchos de los estados en que habitan"[32].

Consecuentemente, al hablar de 'Pueblo' y no de "etnia" se abordan también los derechos de carácter político[33] —autodeterminación y autonomía— como también territoriales[34], como ya venían siendo reconocidos en otros pactos internacionales sobre la materia, y como vienen demandando los pueblos indígenas, y en especial el Mapuche, hace ya un par de décadas[35].

---

[30] Meza-Lopehandía (2009: 16).

[31] Relator especial de la ONU para los Derechos Indígenas.

[32] Meza-Lopehandía (2009: 17).

[33] Artículo 4 de esta Declaración: "Los pueblos indígenas, en ejercicio de su derecho de libre determinación, tienen derecho a la autonomía o el autogobierno en las cuestiones relacionadas con sus asuntos internos y locales, así como a disponer de los medios para financiar sus funciones autónomas".

[34] Tales como: relaciones espirituales con el territorio y sus recursos (art. 26.1); posesión, utilización, desarrollo y control (art. 26.2); derecho de propiedad indígena basado en la propiedad ancestral (art. 26.3).

[35] Es importante notar que los derechos (no beneficios) que están consagrados en esta Declaración son el corolario de los derechos ya establecidos con anterioridad al año 2007 en diversos instrumentos internacionales sobre derechos de pueblos indígenas, y que han sido reclamados con justicia (por ser derechos) por el Pueblo Mapuche y exigidos por todos los pueblos indígenas en el último Proceso Participativo Indígena realizado el año 2016 como parte del Proceso Constituyente Indígena.

Lamentablemente, el racismo naturalizado de nuestra sociedad y los intereses económico-políticos que atraviesan a nuestro país, han significado un continuo encubrimiento del no-reconocimiento al Pueblo Mapuche mediante el rótulo de "etnia".

¿Qué habría pasado si se hubieran cumplido las promesas de 1989 y nuestra democracia la hubiese construido entre todos los pueblos? No lo sabremos. Sin embargo, tenemos la triste y dolorosa constatación que la opción de negar el reconocimiento, mediante el rótulo de "etnia", es parte fundamental del contexto que nos ha traído a la conflictiva y violenta situación actual.

En este sentido, el reconocimiento del Pueblo Mapuche por parte del Estado chileno no dice nada respecto a la existencia de este pueblo, pues ya existe hace 1.000 años y reconocimiento dice relación con la justicia de generar espacios políticos en que el país pueda conformarse en base a la pluralidad de pueblos y sus respectivas culturas, acabando con todo racismo y discriminación. Ciertamente es una tarea desafiante, no exenta de desafíos y amenazada de mezquindades; sin embargo, en tal trabajo descansa la paz duradera para nuestras sociedades, aquella que brota de la justicia construida entre todos y todas.

Mito 3

"Los mapuche le protestan al Estado chileno porque ya no pueden reclamar a los españoles que los colonizaron"

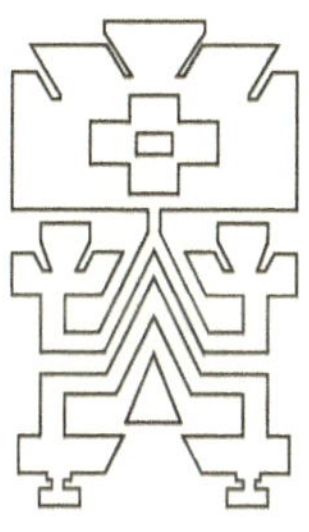

Dentro de los variados y múltiples prejuicios sobre el Pueblo Mapuche, uno muy común lo expresa la siguiente reflexión:

Los indígenas en América Latina fueron colonizados por los conquistadores europeos y no se puede retrotraer el tiempo para que todo vuelva a ser como antes. Los mapuche deberían comprender esto de una vez por todas y dejar de reclamar al Estado chileno, que no tiene por qué pagar por ello. Ahora, la historia es otra y más bien los mapuche en vez de estar demandando al Estado, le deberían agradecer que más encima les otorgue beneficios especiales.

Lo cierto, es que una calculada porción de medias verdades puede ser un veneno letal para un diálogo verdadero y fecundo que ayude a reconocernos con justicia y vivir en paz. Ciertamente los invasores españoles hicieron retroceder al Pueblo Mapuche hasta la orilla sur del río Biobío y nada tiene que ver con ello el Estado chileno. Sin embargo, las demandas mapuche no apuntan a lo perdido durante la invasión española, sino a la invasión chilena con su consecuente usurpación territorial. Lo invitamos a recorrer algo de la historia que nos ayude a desaprender/aprender un nuevo modo de comprender el conflicto que enfrenta al Estado chileno, las empresas en territorio mapuche y a este pueblo.

A la llegada de los invasores españoles, alrededor de 1540, la influencia cultural del Pueblo Mapuche se extiende desde el río Choapa hasta el archipiélago de Chiloé[36], ubicándose el territorio mapuche entre los valles centrales y el archipiélago referido, pues ya se habían enfrentado al *Tawantinsuyo*[37], estableciendo en el río Maule[38] una clara línea de resistencia.

Tras años de batallas entre el Pueblo Mapuche y los invasores españoles, estos últimos son vencidos en la batalla de Curalaba[39], en 1598. Conviene notar, tanto para desaprender/aprender como para no perpetuar violencias, que esta batalla ha sido enseñada como "el desastre de Curalaba" en las escuelas chilenas, donde estudian niños y niñas mapuche,

---

[36] Comisión Verdad Histórica y Nuevo Trato con los Pueblos Indígenas (2008: 320).

[37] Imperio Inca, según denominación española Comisión Verdad Histórica y Nuevo Trato con los Pueblos Indígenas (2008: 321).

[38] "Se ha establecido convencionalmente que el río Maule se convirtió en una primera frontera mapuche. Entre el río Maipo y el Maule se estableció una zona de transición, y entre el Maule y el Itata, lo que hoy es Chillán, otra de protección y seguridad que mantenían, vigilaban y cuidaban los mapuche del Biobío" (Comisión Verdad Histórica y Nuevo Trato con los Pueblos Indígenas, 2008: 321).

[39] Para mayor información ver sitio: http://historiamapuche.cl/node/48 . Web consultada en 25-05-2018.

¿por qué es aprendida como desastre? Nos parece que responde a la contracara racista que hay detrás de nuestro ideal identitario centro europeo.

En fin, tal victoria mapuche obligó al invasor español a una acción inédita en este continente: reconocer al sur del río Biobío a un pueblo autónomo. Tal reconocimiento, significó establecer relaciones diplomáticas a través de los famosos *koyang* o parlamentos [40] (o tratados). Estos iniciaron en 1641 en Quilín, y se extendieron durante todo el periodo colonial, celebrándose el último en Negrete, el año 1803. Los Parlamentos tienen una gran importancia, pues logran "constituir un equilibrio entre dos "naciones independientes", que mantenían relaciones, pero eran autónomas y se reconocían mutuamente" [41]. Dentro de una perspectiva histórico-jurídica, los parlamentos representan un reconocimiento de la independencia y autonomía del Pueblo Mapuche y su territorio, destacando con la Corona Española los parlamentos de Quilín 1641 y 1647, y luego Negrete en 1726 [42].

Así, si bien la relación del Pueblo Mapuche con los invasores españoles fue conflictiva y con pérdida de territorio, hubo mecanismos políticos mediante los cuales se encausó esta relación en un marco de mutuo reconocimiento, cuestión muy valorada por grandes *lonkos wenteches*, como *Mañilwenu* o *Mariluan*[43]. Evidentemente la potencia europea intentó someter al Pueblo Mapuche y robarle su territorio, por lo que es

---

[40] Es interesante hacer el ejercicio de preguntarse quién instaló los parlamentos y para qué. En general, damos por supuesto que fueron los españoles. Hay varios estudios que proponen que fueron los mapuche quienes configuraron el espacio bajo su lógica y elementos (ritual, idioma, dinámica, gratuidad, etc.).

[41] Comisión Verdad Histórica y Nuevo Trato con los Pueblos Indígenas (2008: 339).

[42] Comisión Verdad Histórica y Nuevo Trato con los Pueblos Indígenas (2008: 340).

[43] Cayuqueo (2017: 199).

explicable que no se guarde buen recuerdo de ellos[44]. Pero no es a ellos a quienes apuntan las demandas del Pueblo Mapuche. Sin embargo, antes de continuar nuestro camino hacia la relación con el Estado chileno, conviene algunas consideraciones que nos ayuden a desaprender/aprender.

Lo primero, es notar que en una situación de pleno conflicto político-bélico, cuando se quiso entablar un diálogo político, dentro de un marco de mutuo reconocimiento para encontrar una solución, no existieron problemas de interlocutores válidos por parte del Pueblo Mapuche, aun cuando mantenía su estructura socio-política sin un solo líder que representara a todos. Hoy, en el marco del actual conflicto se escucha a menudo este argumento, que quizás usted también ha escuchado: "Los mapuche no tienen un único representante, no se sabe con quién hablar". Al parecer, la falta de interlocutor no tiene tanto que ver con los líderes mapuche, sino con los temas a los cuales se les quiere convocar a conversar así como el modo, lo que dista bastante de un marco de mutuo reconocimiento.

Otra consideración tiene que ver con la construcción de la imagen del Pueblo Mapuche como pueblo guerrero. Si nos detenemos a reflexionar notaremos que ellos no buscaron una guerra, más bien se vieron forzados a entrar en ella para defenderse de los invasores españoles, que habían sometido a casi todo el continente en nombre de Dios y de la civilización. Más aún, si bien lucharon con éxito aproximadamente 100 años, luego desarrollaron un método de encausar el conflicto mediante el diálogo, a través de los parlamentos (*koyang*) practicados durante un periodo de tiempo bastante mayor

---

44 Conviene notar también, que el hecho de haber sostenido relaciones diplomáticas de mutuo reconocimiento con los españoles, hace que el recuerdo de estos sea mejor que la impresión que se tiene de un Estado chileno que les ha negado todo reconocimiento.

que el de la guerra, al menos entre 1641-1803[45]. ¿Por qué no tenemos la imagen del mapuche como diplomático o sabio de la conversación o el *koyangtun* y solo los representamos como salvajes guerreros?

Volvamos a caminar la historia y entremos en el origen del Estado chileno y su relación con el Pueblo Mapuche, que ya llevaba ocho siglos de vida. Como sabemos, en 1810-1818 la élite criolla lideró exitosamente el proceso que nos independizó del Imperio español. Con esto, comienza uno de los periodos más oscuros para el Pueblo Mapuche. Al inicio, todo parecía ir bien. Era el tiempo del "valiente araucano" que inspiró al ejército independentista. En 1819, el Supremo Director del Estado chileno, don Bernardo O'Higgins, le dedica estas palabras a los valientes habitantes de la frontera sur:

> ... os habla el jefe de un pueblo libre y soberano, que reconoce vuestra independencia, y está a punto a ratificar este reconocimiento por un acto público y solemne, firmando al mismo tiempo la gran Carta de nuestra alianza para presentarla al mundo como el muro inexpugnable de la libertad de nuestros Estados...[46].

En 1823 y 1825 el Estado chileno da continuidad a la institucionalidad colonial de los parlamentos como espacio para resolver asuntos políticos entre ambos pueblos[47].

---

[45] O hasta 1825 si consideramos que esta institución se mantuvo ininterrumpidamente hasta los primeros años de la naciente República chilena.

[46] "La carta en que Bernardo O'Higgins reconoce la Independencia de la Nación Mapuche", El Mostrador, 20 de agosto de 2014, disponible en http://www.elmostrador.cl/noticias/pais/2014/08/20/la-carta-en-que-bernardo-ohiggins-reconoce-la-independencia-de-la-nacion-mapuche/. Web consultada en 01-05-2018.

[47] El historiador Pablo Mariman (2012: 87) destaca que los parlamentos de Yumbel (1823) y Tapiwe (1825) crean un contexto jurídico que nunca se interrumpió, y que dado que dichos parlamentos (o tratados) nunca fueron derogados ni suprimidos

El parlamento de Yumbel (1823) por una parte, reconoció la ciudadanía[48] de los mapuche, y por otra, una territorialidad diferenciada para ambas naciones, que encontraba su límite en el río Biobío[49]. Si ponemos atención, ya habían resuelto el tema territorial que hoy tanto se discute. Por su parte, el parlamento de Tapiwe (1825)[50] —en el que juega un papel especial el *lonko* Francisco Mariluan y hasta se habría involucrado el mismo presidente de la República, Ramón Freire[51]— mantuvo los aspectos medulares de la tradición de los parlamentos, como la diferenciación territorial y la autonomía[52].

Como se dará cuenta, es clara la conciencia política que posee el Estado chileno respecto a la autonomía y territorialidad del Pueblo Mapuche. El proceso de elaboración de la Constitución de 1828 lo refleja abiertamente, en sus discusiones sobre

---

por ninguna ley, el Estado de Chile no solo cae bajo la figura de agresor de los derechos del Pueblo Mapuche, sino también como agresor de su propio estado de derecho.

[48] Sobre criollos y la comprensión de "pueblo", resulta interesante la reflexión de Pablo Mariman (2012) quien se pregunta sobre cómo un concepto como "ciudadanía" que encuentra su contenido dentro del contexto histórico de la realidad monárquica europea y como opuesto de súbdito, es aplicable a quienes no pertenecen a tal contexto. Es decir, si los Mapuche nunca fueron súbditos ¿qué significa entonces para ellos ser ciudadanos?

[49] Mariman (2012: 77-78).

[50] Pedro Cayuqueo (2017: 207) llama la atención sobre la oportunidad que ha desperdiciado el Estado chileno al no valorar este tratado. Comparándolo con el caso de Nueva Zelanda. Expone cómo los ingleses por la misma época hicieron el tratado de Waitangi con los maoríes, tal como nosotros con el Pueblo Mapuche en Tapiwe. Al igual que el Estado chileno, los ingleses violaron ese tratado; sin embargo en la década de 1970 el gobierno neozelandés lo retomó, dando comienzo a un proceso ejemplar de relación entre Estado y pueblos indígenas, llegando a ser un modelo admirado mundialmente.

[51] Cayuqueo, P. (2017: 202-207). Nos parece interesante este dato, pues no es extraño que aún exista la imagen de los mapuche como salvajes entre los bosques. La verdad es que entre los mapuche había bastante instrucción occidental, además de la propia mapuche —de esa que nosotros somos ignorantes— lo que les permitió relacionarse de igual a igual con autoridades de alto rango, tanto civiles como militares.

[52] Mariman, P. (2012: 78).

las definiciones de nación y territorio y el lugar del Pueblo Mapuche. De las tres posturas en disputa[53], una expresa categóricamente si acaso corresponde deliberar sobre territorios que no le pertenecen a Chile[54]. En este sentido, las demandas actuales por autonomía y territorialidad no deberían ser una sorpresa ni para el Estado ni menos ser vistas como una astuta idea de los mapuche. Simplemente, memoria histórica.

Pero como dicen, lo que se escribe con la mano, se borra con el codo. Esto podríamos decir de la nueva República chilena que, ahogada en deudas, comienza a mirar las tierras al sur de la frontera. La élite criolla[55] reemplazará el ideal del "valiente araucano" por el paradigma evolucionista darwiniano[56] y asume la misión Civilizatoria sobre los bárbaros.

---

[53] Básicamente estas eran: (1) Quienes desconocían la independencia mapuche y los tratados sostenidos con ellos, reclamaban ese territorio como posesión del Estado; (2) quienes veían un problema en las definiciones de Nación y territorio con el reconocimiento de la existencia libre e independiente de la Nación Mapuche (como en los hechos se había dado desde siempre), y por tanto se inclinan a resolver a favor de Chile, incluyendo dichos territorios como parte del Estado; (3) y quienes, se preguntan si efectivamente tienen algún derecho a deliberar sobre territorios que no le pertenecen a Chile. (Mariman, 2012: 81-86).

[54] "Los indios han formado en todo los tiempos un Estado libre e independiente; ellos han reconocido nuestra emancipación, nuestros derechos, del mismo modo que nosotros los límites del territorio chileno. ¿Con qué razón tratamos de internarnos más allá de lo que prescriben los tratados de tiempo inmemorial entre nación y nación? Cosas que no se practican sino en naciones distintas y reconocidas. Aunque los bárbaros no pertenecen a la República, de ninguna manera conviene que una potencia extranjera tome posesión de esos Estados" (citado de Casanova, 1999 por Mariman, 2012: 85).

[55] Hacendados, empresarios, mineros, comerciantes y autoridades religiosas católicas, que son quienes participan en las decisiones políticas en aquel entonces. Para tener una idea, en la Constitución de 1823 se afirma que "es ciudadano chileno en ejercicio de sufragio en las asambleas electorales, todo chileno natural o legal que habiendo cumplido veintiún años o contraído matrimonio tenga alguno de los siguientes requisitos: una propiedad inmueble, un giro o comercio propio; una inversión, industria, ciencia o arte de utilidad; la adquisición del mérito cívico y la calidad de católicos romanos" (Marinan, 2012: 75).

[56] Este paradigma llevó a comprender la evolución como vía única que encontraba en el más fuerte al más evolucionado. Influenciado por esta idea se desarrolla el ideal de cultura centro europea y cristiana, como culmen de la humanidad y civilización. Los indígenas son la negación de este ideal, pues existen sin tener

Desde allí, se comienza a construir la justificación de la invasión y consecuente usurpación territorial[57].

En la década 1840, gracias a la apertura del mercado del trigo y el potencial de las tierras mapuche para este cereal, se gatilló un aumento significativo del ingreso de chilenos a territorio mapuche, como también lo fueron las compras fraudulentas y el robo de tierras a mapuche en tal período. A este proceso se le denomina "infiltración de la frontera"[58]. Este es el antecedente de la participación mapuche de aquellos territorios en la Revolución de 1851 contra las fuerzas centralistas que finalmente triunfaron. La construcción de una justificación para ocupar el territorio mapuche ganará más fuerza a partir de ese acontecimiento.

Es durante este tiempo que se construirán e instalarán mentiras para justificar la invasión[59]. Entre estas están que las tierras del sur estaban vacías[60], o que la cultura mapuche

contacto alguno con tal cultura. Por ello, primero se debate si son humanos, y una vez afirmado esto, se les considera absolutamente inferiores y necesitados de instrucción. La profundidad de esta herida racista ha permeado profundamente en las distintas dimensiones de nuestro país perdurando hasta hoy.

[57] "En efecto, siempre hemos mirado la conquista de Arauco como la solución del gran problema de la colonización y el progreso de Chile, y recordamos haber dicho con tal motivo que ni brazos ni población es lo que el país necesita para su engrandecimiento industrial y político, sino territorio; y esta es sin duda una de las fases más importantes de esta gran cuestión nacional (*El Mercurio*, 24 de mayo de 1859; tomado de Bengoa (2000: 181-182).

[58] Este proceso fue facilitado por el Tratado de Tapiwe que presentaba las condiciones para el ingreso de chilenos a territorio mapuche, ya sea en calidad de trabajadores, arrendatarios de campos, o bien como propietarios de tierra adquirida fraudulentamente (Correa, *et al.*, 2005: 19).

[59] Ver Mito 7: "Los mapuche son violentos, intolerantes de la cultura chilena y antidemocráticos".

[60] "Junto con las tropas llegan a la Araucanía los agrimensores, dirigidos por Teodoro Schmidt. A medida que se fue estudiando la real situación de la ocupación de las tierras, se dieron cuenta que no estaban vacías como se pensaba en Santiago. Todo estaba subdividido entre los caciques y poblado por familias mapuche. La idea de un sur deshabitado, tejida en el centro del país, era falsa. Los Mapuche ocupaban densamente la Araucanía y había una suerte de propiedad establecida, con deslindes bastante claros" (Comisión Verdad Histórica y Nuevo Trato con los Pueblos Indígenas, 2008: 44).

estaba en decadencia camino a la extinción, llena de borrachos y flojos[61]. Parte de la prensa favorable a los intereses económicos sobre territorio mapuche, entre ellos *El Mercurio*, fueron relevantes en esta orquestación.

Para Jorge Pinto —Premio Nacional de Historia (2012)— la invasión militar chilena en territorio mapuche fue motivada por "el crecimiento del capital financiero y el desarrollo de una mentalidad expansionista en la elite nacional y regional"[62] que ante la disyuntiva de modernizar el modelo exportador o adquirir más tierras, optó por el camino fácil[63]. ¿Le suena?

Entre 1866 y 1881 el Estado chileno invade el territorio mediante una operación llamada "Pacificación de La Araucanía". Pacificación que consistió en "...quemar sus ranchos, tomarles sus familias, arrebatarles sus ganados i destruir en una palabra todo lo que no se les puede quitar..."[64]. Además del ejército, se contó con ayuda de "guardias rurales"[65]

---

[61] "El araucano de hoy es tan limitado, astuto, feroz y cobarde al mismo tiempo, ingrato y vengativo como su progenitor del tiempo de Ercilla; vive, come y bebe licor con exceso como antes; no ha imitado ni inventado nada desde entonces, a excepción de la asimilación del caballo que singularmente ha favorecido y desarrollado sus costumbres salvajes. Todo lo ha gastado la naturaleza en desarrollar su cuerpo, mientras que su inteligencia ha quedado a la par de animales de rapiña, cuyas cualidades posee en alto grado, no habiendo tenido jamás una emoción moral" (Editorial de *El Mercurio de Valparaíso*, 24 de mayo, 1859).

[62] Tomado de Cayuqueo (2017: 51).

[63] Según el historiador, fue la crisis económica que afectó al país en 1857 la que puso en jaque a la élite chilena: "... la opinión de los expertos, economistas, analistas políticos, de los líderes de opinión, se dividió en dos posturas. Unos señalaron que había que cambiar el modelo exportador y que había que pensar en una economía distinta, no tan dependiente de los vaivenes del mercado mundial. Pero otros se fueron por el camino más fácil: el problema no es el modelo exportador, dijeron, más bien lo que necesitamos son nuevas tierras para cultivar y nuevos mercados" (Cayuqueo, 2017: 51).

[64] Comisión Verdad Histórica y Nuevo Trato con los Pueblos Indígenas (2008: 359).

[65] Campesinos pobres, que huyendo de la justicia se asentaron en la Cordillera de Nahuelbuta. El ejército los reclutó como una suerte de milicia. Así, campesinos chilenos pobres se podían ganar la vida persiguiendo mapuche. Fue el tiempo en que creció la división entre mapuche y chileno (Bengoa, 1999: 48).

—paramilitares, diríamos hoy— y capitales privados[66]. La fundación del fuerte Temuco, por parte del ejército que había vencido en la Guerra del Pacífico, puso fin a una resistencia de más de una década del Pueblo Mapuche.

El periodo que siguió fue aún más tenebroso y macabro, pues ya no se trató de quitarles el territorio sino de aplastamiento y despojo. Es necesario considerar que después de 15 años de resistencia, el Pueblo Mapuche estaba en el piso, en una situación económica y social muy empobrecida por el impacto de la invasión[67] y sin ninguna posibilidad de defenderse de nada. Es por ello que los siguientes 47 años son de un actuar vergonzoso y terriblemente duro con un Pueblo, que sorprendentemente aún sigue en pie y sobrevive.

La relación del Estado chileno con los pueblos indígenas entre 1884-1931 es designada como "asimilación forzada", y está caracterizada por desarrollar políticas que van desde la reducción territorial hasta el exterminio[68], no sin consciencia de ello[69]. Esta es la época en que el Estado entrega a

---

[66] Como José Bunster, empresario que tras perder sus negocios en el Malón de 1859, se instaló en Valparaíso desde donde inicia una campaña para invadir territorio mapuche. Acaba siendo un gran inversionista de la invasión, pues obtendrá grandes extensiones de tierra en el territorio conquistado llegando a controlar buena parte de la producción de cereales, luego será alcalde de Angol y hasta senador (Cayuqueo, 2017: 322-327).

[67] Luego del actuar inhumano del ejército chileno entre 1968-1969, diversos periódicos denuncian esta barbarie. Bengoa (2000, p. 224-225) presenta algunos extractos de la prensa de aquel tiempo: "Después de los horrores, de los asesinatos, de los robos y salteos a mano armada que se han cometido con los indios, todavía se decreta contra ellos una guerra de exterminio ¿y quieren que no defiendan su tierra, su familia y su oro?" (19 de diciembre, 1968. El Meteoro de Los Ángeles).

[68] Esto iba desde personas indígenas a pueblos, como fue el caso del pueblo Selk'nam, que podría ser calificado como genocidio (Comisión Verdad Histórica y Nuevo Trato con los Pueblos Indígenas, 2008: 42).

[69] Comisión Verdad Histórica y Nuevo Trato con los Pueblos Indígenas (2008: 43). Aquí mismo se afirma que "Este periodo coincide con la expansión del capitalismo mundial sobre tierras, territorios y culturas que hasta ese momento habían permanecido fuera de su alcance".

algunos mapuche los famosos y tristes títulos de merced, es decir, títulos de regalo ¿nota lo paradójico y cruel, no? En promedio, fueron 6 hectáreas por mapuche, lo que significó una reducción territorial para este Pueblo de 10.000.000 de hectáreas a 500.000[70]. Además de perder autonomía y quedar confinados al minifundio que los llevará a la pobreza[71], fueron sometidos a vivir bajo una institucionalidad que cercenó sus estructuras de gobernabilidad, quebró las solidaridades internas y limitó a sus autoridades al ámbito reduccional[72], dejándolos sujetos a múltiples abusos sin posibilidad de organizarse.

Un total de 9.500.000 hectáreas que fueron mapuche pasaron a manos del Estado, quien entregó buena parte a empresas colonizadoras y remató otro tanto a particulares (por cierto, en predios de bastante más que 6 hectáreas por persona, como le tocó a los mapuche). En el caso Pehuenche por ejemplo, donde el Estado no alcanzó a hacer dominio efectivo de las tierras, solamente se limitó a verificar las compras por parte de particulares[73]. ¿Se ha preguntado usted cómo se compra una tierra sin que existan papeles que especifique sus dueños, límites y ubicación? Bueno, imagine todo el espacio que esto dejó para la creatividad de quienes conocían el sistema legal, que ciertamente no eran los mapuche.

Los mapuche con suerte pudieron conservar algo de los títulos de merced que recibieron mediante un proceso arbitrario, engorroso, lento y sin absolutamente ningún respeto por las propias estructuras socioculturales y políticas del

---

[70] Mariman *et al.* (2006: 11).

[71] Ver Mito 9: "Los mapuche quieren todas las tierras al sur del Biobío y expulsar a los chilenos".

[72] Mariman *et al.* (2006: 117).

[73] Comisión Verdad Histórica y Nuevo Trato con los Pueblos Indígenas (2008: 45).

Pueblo Mapuche[74]. Además, existió un número significativo de mapuche que por no ser censados no recibieron título de merced y simplemente de un día para otro, se encontraron con alguien que les dijo que estaban en un terreno privado. Variados fueron los modos de privados para apoderarse de tierras mapuche a vista y paciencia de un Estado cómplice[75]: ocupación de tierras y expulsión de los mapuche; expansión de propiedades a la fuerza, absorbiendo la tierra mapuche colindante; adquisición de derechos de control sobre una determinada cantidad de tierra, que en la práctica pasaba a ser bastante mayor que lo pactado[76], además de los conocidos arriendos por 99 años. Todo esto nos puede ayudar a comprender por qué las demandas por tierras son bastante más amplias que los títulos de merced, pero también, que la legalidad de las tierras mapuche en manos privadas no asegura en nada su legitimidad, por más que sea la tercera generación quien ahora vive ahí.

Económicamente, la sustentabilidad y la diversidad ecosistémica fueron destruidas con la fuerte actividad ganadera[77]. La nueva realidad imponía la pequeña agricultura y ganadería menor, cuestión que con el crecimiento poblacional hizo crisis, sentenciando pobreza y migración[78].

---

[74] Comisión Verdad Histórica y Nuevo Trato con los Pueblos Indígenas (2008: 44-45).

[75] El nivel de injusticias que se cometían llegó a tal grado, que se levantaron quejas indígenas contra el Estado y sus políticas, que llevaron a crear una comisión parlamentaria, cuyos resultados no fueron eficaces (Comisión Verdad Histórica y Nuevo Trato con los Pueblos Indígenas, 2008: 46), es decir, todo siguió igual. La historia que se repite ¿no?

[76] Comisión Verdad Histórica y Nuevo Trato con los Pueblos Indígenas (2008: 45).

[77] Mariman *et al.* (2006: 116).

[78] Bengoa (1999: 63-75) sitúa el origen del empobrecimiento mapuche en este proceso de reducción que fue seguido por tres acontecimientos: el aumento al doble de la población rural, la disminución de tierras mapuche debido a usurpaciones y la entrega de otras tierras distintas a las originales a mapuches por parte del Estado, lo que acabó con los sistemas socio-culturales y políticos que organizaban la

Cabe destacar que en 1910 se conforma la primera organización mapuche bajo una orgánica occidental para reivindicar sus derechos ante el Estado: la Sociedad Caupolicán Defensora de La Araucanía. Esta será la primera de muchas, que desde distintos sectores políticos, mantendrán claramente un hilo de continuidad de las demandas por reivindicación de derechos y tierra al Estado chileno. Nuevamente nos encontramos en presencia de la invisibilizada cultura de diálogo del Pueblo Mapuche. Obviamos que estamos frente a un pueblo que lleva más de un siglo intentando por vías institucionales ser escuchados por los gobiernos de todos los colores políticos, sin obtener grandes resultados. Basta con notar que, junto a Uruguay, somos los únicos países que hasta hoy no reconocemos constitucionalmente la existencia de los pueblos indígenas. Podríamos decir que tristemente somos el único que teniendo pueblos indígenas se niega a reconocerlos, pues Uruguay ya no los tiene.

Al periodo del trato más brutal por parte del Estado chileno al Pueblo Mapuche, le sigue un tiempo entre 1927-1941 denominado "asimilación frustrada"[79], que consistió en desarrollar un trato más cuidadoso, es decir, "en no realizar acciones que condujeran a situaciones de "exterminio" físico"[80]. Ahora bien, se salió del fuego para caer en las brasas, pues el mejor trato consistió en una estrategia política de desarrollar un proceso de división de tierras comunitarias y disolver a los mapuche en el mestizaje generalizado[81], como si nunca hubiesen existido y todos fuésemos chilenos. ¿Lo ha

---

vida de las comunidades. Habría que sumar la situación de vulnerabilidad en la que se encontraban y la complicidad del Estado.

[79] Comisión Verdad Histórica y Nuevo Trato con los Pueblos Indígenas (2008: 47).

[80] *Ibídem.*

[81] *Ibídem.*

escuchado? Este proyecto de homogenización se llevó a cabo a través de distintas instituciones, destacando el rol de las escuelas rurales: un solo idioma (el castellano), una historia nacional (la chilena), una cultural (la occidental europea) y un tipo de conocimiento. También podríamos agregar un Dios (el cristiano). Este proceso de exterminio cultural perdió fuerza como estrategia durante la década de 1940, pero sus dinámicas y efectos se dejan sentir hasta hoy.

La dictadura militar fue otra época que marca a fuego la relación del Estado chileno, las empresas y el Pueblo Mapuche. La implementación de la contra reforma agraria significó que 98.817,2 hectáreas que habían sido recuperadas vía reforma agraria por las comunidades mapuche, se volvieran a perder[82]. Además, en 1979 se aprueba el DL 2.568, que promueve y autoriza la división de comunidades mapuche, negando de facto el concepto de "comunidades indígenas". Las consecuencias de este proceso son parte de los conflictos que hoy se viven en el sur. Y también durante este periodo, tenemos la que algunos han denominado, la tercera invasión a territorio mapuche: las forestales[83].

Esta industria se instala en el territorio de modo significativo, a partir de la contra reforma agraria. Si bien hubo particulares que al recuperar sus tierras expropiadas las vendieron a las forestales, son casos aislados. La mayoría, al menos en la provincia de Arauco, responden a procesos bastante más opacos. La CORA era la encargada de traspasar las tierras a la Conaf, a cargo aquel tiempo de Julio Ponce Lerou, yerno de Pinochet. Para poder traspasar las tierras a Conaf, era necesario que estas estuvieran cubiertas de bosques o fueran

---

[82] Pairican (2014: 47).

[83] Para profundizar en este punto, ver Mito 4: "Las forestales que están allá son la tercera industria productiva del país, ¿y todavía les molesta?".

de aptitud forestal[84]. El año 1978 se dictó el DL 2.247 con el objetivo de "transferirlas (las tierras) a quienes puedan obtener su mejor aprovechamiento como fuentes de producción trabajo, en el beneficio general del país"[85]. El testimonio de las comunidades mapuche y las investigaciones que han llevado adelante, son categóricas en acusar un proceso de fraude respecto a los certificados de aptitud forestal de las tierras que fueron traspasadas a Conaf y luego rematadas a precios irrisorios a dos grandes empresas, que luego fueron adquiridas por las forestales Arauco de Angelini y Mininco de Matte[86]. Hoy el Estado, para devolver tierra a las comunidades mapuche, debe comprar a precio de mercado las tierras que vendió a precio "de huevo"[87] y que se explotaron mediante sus propios subsidios, como se verá en el capítulo siguiente.

En fin, podríamos continuar la conversación sobre los modos en que se han carcomido las vías institucionales para resolver el conflicto iniciado ya hace décadas por el Estado chileno, pero según nos propusimos al inicio, el fin era comprender hacia quién y por qué están dirigidas las demandas por derechos del Pueblo Mapuche. Esperamos haya ganado claridad sobre por qué las demandas del movimiento mapuche[88] se dirigen al Estado chileno y no a los invasores

---

[84] El artículo 67 de la ley de Reforma Agraria permitía realizar este traspaso.

[85] Pu lov y comunidades lavkenche en resistencia (2017: 25).

[86] Pu lov y comunidades lavkenche en resistencia (2017: 29-73).

[87] Mayores detalles sobre los precios son expuestos en Pu lov y comunidades lavkenche en resistencia (2017).

[88] Para efectos de este libro nos referiremos al movimiento mapuche como "aquella coalición de organizaciones que, desde distintas posiciones políticas y geográficas, se reconocen parte del Pueblo Mapuche y luchan por objetivos comunes (la autodeterminación), solidarizando —en mayor o menor medida— entre sí y desafiando en una permanente interacción a adversarios comunes entre la élite y las autoridades en un contexto de conflicto (...). Estaremos hablando en concreto de "aquellas organizaciones y actores militantes al interior del pueblo mapuche" (Rojas Pedemonte y Miranda, 2016: 35).

españoles. Que si bien lo demandado implica tierra, es bastante más que eso, pues se trata de territorio, autonomía y reconocimiento.

No nos cabe duda que el diálogo sobre estas cuestiones fundamentales es el camino que hace rato debiéramos haber tomado como país.

Mito 4

"Las forestales que están allá son la tercera industria productiva del país, ¿y todavía les molesta?"

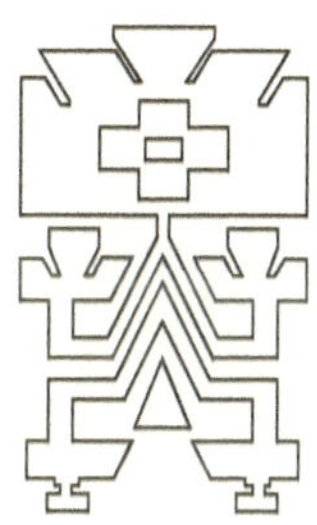

En algunas conversaciones habrá quizás usted escuchado hablar de la gran Industria forestal instalada en Chile. Empresas que juegan en ligas mayores, certificadas por renombrados sellos del rubro y que enaltecen el nombre de Chile por donde pasan. También quizás habrá usted visto y escuchado que los mapuche han desarrollado una red terrorista para acabar con tal industria, dando muestras una vez más, de ser enemigos de la modernidad y el progreso.

Lo invitamos a adentrarnos brevemente a la contienda mapuche y empresas forestales, a buscar elementos que nos ayuden a arrojar algo de claridad entre tanta caricatura racista que todavía hoy resuena en reconocidos medios de comunicación, líderes políticos y empresariales.

Los animamos a iniciar desde la siguiente pregunta: ¿Cómo empresas certificadas que son líderes internacionales en el mercado maderero tienen niveles de conflictividad tan elevada con las comunidades mapuche? Si ya tiene su respuesta, lo invitamos a conversar, pues nosotros también hemos recogido posibles respuestas. En nuestro caso, la respuesta la hemos encontrado caminando por la historia de la implantación de la industria forestal en territorio mapuche, en los impactos y costos socio ambientales que su presencia significa para las comunidades y para el proyecto político mapuche.

Antes de seguir adelante, es relevante constatar que un número importante de mapuche conviven y trabajan con —o para— las empresas forestales en el territorio. En buena medida, esto es resultado de la expansión de esta industria que fue acabando con otras alternativas productivas y laborales, transformándose así en casi la única opción económica, precaria por lo demás[89].

Si bien cada vez se hacen más evidentes los daños ocasionados por este modelo de industria, las posturas críticas más claras se encuentran en las personas con mayor conciencia histórico-política y en las comunidades movilizadas e involucradas en el conflicto político y territorial, que son parte del movimiento mapuche[90]. Estos se oponen al modelo extractivista de la industria maderera y desde una perspectiva crítica la señalan como la tercera invasión sufrida en su territorio. Luego de la primera invasión española y la del Ejército chileno en el siglo XIX, describen la tercera invasión

---

[89] Se recomienda ver el documental "Plantar pobreza", disponible en https://www.youtube.com/watch?v=A42dHCxuJ1w. Web consultada en 02-05-2018.

[90] Cuestión bastante común en los movimientos sociales.

como la expansión de la industria forestal iniciada a partir de la contrarreforma agraria de la dictadura de Pinochet.

Efectivamente, en tal proceso se arrebataron las tierras recuperadas por el Pueblo Mapuche y el campesinado durante los gobiernos de Frei Montalva y Allende, devolviéndolas a la oligarquía. El entonces yerno de Augusto Pinochet y director de la Conaf, Julio Ponce Lerou[91], iniciaba esta nueva y arbitraria distribución del territorio. Esto incluía el subsidio a las empresas forestales para el cultivo de especies exógenas como el pino y el eucaliptus, que implicaba entonces un proyecto político-económico de implantación del extractivismo forestal en el territorio. Oficializado en el Decreto de Ley 701 de fomento forestal[92], este subsidio aportó en las últimas cuatro décadas al menos US\$838 millones de recursos públicos a las empresas forestales, principalmente a las del

---

[91] Hoy famoso por el escándalo del financiamiento de política por parte de la empresa SQM donde es el accionista controlador y presidente del directorio. El financiamiento implica principalmente a políticos de la UDI, pero también de la DC, PS, PPD, PR, RN y el PRO.

[92] La propia Conaf hoy lo describe en su sitio web como el "Cuerpo Legal que nace el año 1974 con el objetivo de impulsar el desarrollo forestal de Chile; para este efecto se establecen incentivos a la actividad forestal: Bonificación para la forestación o estabilización de dunas en suelos de aptitud preferentemente forestal. Bonificación y beneficio tributarios para realizar actividades de administración y manejo de bosques plantados en terrenos de aptitud preferentemente forestal". Con un espíritu paradojalmente socialista, la dictadura partió bonificando el 100% de la producción forestal a los grandes grupos económicos a los que les entregó/remató las tierras y luego, terminando su vigencia en 1998, la Concertación lo actualizó (coincide con el surgimiento de violencia colectiva en el movimiento mapuche) con pequeñas modificaciones como la reducción de la bonificación del 100% al 70% de la producción e incorporando a pequeños propietarios. El 31 de diciembre de 2012 caducó su vigencia. El primer gobierno de Piñera descartó su prórroga vía consulta, y en 2015 Bachelet le dio urgencia al proyecto de prórroga en el Congreso, sin consulta, y solo producto de la "colusión del confort" los parlamentarios lo frenaron. Cada prórroga o intento de prórroga de este subsidio a la producción forestal ha tenido como respuesta oleadas de movilización mapuche (Rojas Pedemonte y Miranda, 2016).

grupo Angelini (Arauco) y Matte (Mininco-CMPC), las que lideran hoy el mercado maderero[93].

Así, la apropiación del territorio mapuche por parte de las forestales se efectuó con el forzoso despojo de los territorios recuperados por las comunidades durante la reforma agraria, pero también mediante procesos institucionalmente ilegítimos y fraudulentos. Para ser rematados los predios por parte de Conaf a las forestales, entre las muchas triquiñuelas estaba la falsificación de certificados que otorgaban "aptitud forestal" a predios históricamente agrícolas y ganaderos. Paradojalmente, el Estado, en plena dictadura, utilizaba su capacidad legal para expropiar terrenos de "aptitud forestal" para luego traspasarlos a sus grupos económicos cercanos.

> Los traspasos de las tierras de la Corporación Reforma Agraria (CORA) a la Conaf los hicieron por el Art. 67 de la Ley de Reforma Agraria, que planteaba la posibilidad de transferir al fisco tierras cubiertas de bosques o de aptitud forestal, con el objetivo de 'integrar el patrimonio forestal del Estado'. Pero la dictadura no tenía como interés el patrimonio del Estado, sino el de particulares amigos del régimen. (Pu lov y comunidades lavkenche en resistencia (2017: 25).

Este habría sido el caso de la mayor parte de los predios que hoy controla Forestal Mininco del grupo Matte; sin embargo, muchos otros predios se adquirieron en transacciones

---

[93] En la actualidad se estima una superficie de 2,8 millones de hectáreas con estas plantaciones (Conaf, 2015), y un sector forestal que es el tercero en la participación de exportaciones chilenas. En 2014, las exportaciones del sector forestal correspondieron a 6.094 millones de dólares, representando un 8,1% de las exportaciones totales del país (Corma, 2014). ¿Nota el contraste? La tercera fuerza productiva del país se edifica en las regiones más pobres. Al menos invita a pensar ¿no?

aparentemente abusivas (como las efectuadas en notarías móviles que instalaron en la Provincia de Arauco para hacer más rápida la compra, y en muchos casos bajo promesas de copropiedad no cumplidas), y también producto de la parcelación y liquidación de la cooperativas[94].

Según cifras del Instituto Forestal (2017), el territorio mapuche sumaba ya el año 2015 desde la VIII a la X Región, un total de 1.579.903 hectáreas de plantaciones forestales, equivalente a 66% del total nacional, concentradas principalmente en la Provincia de Arauco y la Región de la Araucanía (expandiéndose progresivamente hacia el sur en los últimos años). Si usted ha venido a este territorio, quizás le ha sucedido lo que al turista desinformado que visita estas zonas le pasa: que al encontrarse con un paisaje perfectamente tapizado por los paños verdes de las plantaciones, acaba exclamando ¡qué bellos bosques! Sin embargo, de bosques nada, solo plantaciones. Le bastarían unos minutos de caminata al interior de las plantaciones para notar que son significativamente distintas al bosque nativo, salvo por la madera y el verde tupido, pues las plantaciones de pino y eucaliptus en su interior no cuentan con biodiversidad, en concreto, escasean las insectos, las aves, los animales, el agua, la vida. ¿Dónde buscará el *lawen* la *machi*? ¿Qué pasó con los *menokos, trayenkos* y *Tren-Tren*? Solo hay silenciosos y sepulcrales desiertos verdes.

Es verdad que cuesta creer que una industria certificada con sellos verdes dañe el medioambiente. Sin embargo, abundan estudios sobre el impacto ambiental de la industria forestal en territorio mapuche. Entre sus hallazgos destacan: la erosión y desertificación del suelo y la disminución cuantitativa

---

[94] Mayores antecedes disponibles en libro de Correa *et al.* (2005) y Pu lov y comunidades lavkenche en resistencia (2017).

y cualitativa de los recursos eco-sistémicos, principalmente del agua[95]; alto riesgos de incendios forestales[96]; reducción de la biodiversidad y extinción de especies[97]; fragmentación del bosque nativo con alto riesgo para la biodiversidad, aportando al efecto invernadero (GEI) y al cambio climático[98].

A los daños medioambientales hay que sumar el negativo impacto socioeconómico de la industria forestal en territorio mapuche, tal como lo constatan numerosos estudios al respecto. Estas investigaciones destacan la escandalosa desigualdad de ingreso y la pobreza económica que afecta a las comunidades mapuche[99], como también los procesos de migración laboral forzosa campo-ciudad y la precariedad laboral de los trabajadores de estas empresas[100]. Considerando estos antecedentes, es difícil suponer que este impacto lo haya generado empresas socioambientalmente responsables. Incluso cuando estas han conseguido en la última década certificaciones como las de FSC[101], la conflictividad con las comunidades sigue en aumento cualitativa y cuantitativamente.

---

[95] González-Hidalgo (2015); Little *et al.* (2014).

[96] Según Conaf, en la región del Biobío, entre los años 1997-2014, ocurrieron 202.574 incendios forestales. También podemos recordar el gran incendio del 2017 que todavía está en nuestra memoria, en el cual las plantaciones jugaron un rol importante. Se recomiendan los artículos "Incendios y modelo forestal: una estrecha relación" de José Aylwin y "Incendios forestales y Pueblo Nación Mapuche" de David Soto sj; Disponibles en http://www.elmostrador.cl/noticias/opinion/2017/02/07/incendios-y-modelo-forestal-una-estrecha-relacion/ y https://territorio enconflicto.jesuitas.cl/incendios-forestales-y-pueblo-nacion-mapuche/, respectivamente. Webs consultadas en 31-05-2018.

[97] Martínez *et al.* (2011); Echeverría *et al.* (2007).

[98] Boy *et al.* (2014).

[99] Durán & Kremerman (2015); Donoso & Otero (2005).

[100] Seguel (2003); Aylwin, Yáñez, & Sánchez (2013).

[101] El Forest Stewardship Council (FSC) corresponde a una organización internacional no gubernamental que evalúa y certifica frente a los consumidores y el mercado que los productos madereros provienen de bosques o plantaciones manejados por las empresas bajo ciertos estándares que se adecuarían a las necesidades sociales, económicas y ecológicas de las comunidades locales actuales y futuras.

Ciertamente, esta violencia ambiental y estructural que enfrentan las comunidades parece no resolverse con declaraciones de buenas intenciones, pues requiere de una reparación real y de un modelo de desarrollo que recupere social y ambientalmente al territorio del daño histórico. La conflictividad entre el movimiento y las empresas forestales hoy está en alza porque en *Wallmapu* estas no son consideradas fuente de riqueza o trabajo, ni tampoco un buen vecino, sino unos invasores y expoliadores del territorio. En este contexto es que el movimiento resiste mediante sabotajes a la propiedad forestal y sus maquinarias (sin dañar a los operarios) y mediante la recuperación[102] y el control productivo de los predios forestales (a través de la ocupación efectiva o la explotación ambulatoria, tildada mediáticamente como "robo de madera"). El conflicto hoy, sobre todo en el territorio forestal de las provincias de Arauco y Malleco, no es de las comunidades contra campesinos y latifundistas chileno-europeos, sino frente a las empresas forestales y los gobiernos de turno que resguardan el modelo de desarrollo extractivista, negando las demandas políticas y estructurales del Pueblo Mapuche, mediante el paternalismo y la represión policial y judicial[103].

Como podemos ver, son varias las respuestas posibles e interdependientes para explicar por qué empresas certificadas como socialmente responsables generan tal daño socioambiental y tienen esos niveles de conflictividad con

---

Mayores antecedentes en su propio sitio web https://cl.fsc.org/. Web consultada en 20-05-2018.

[102] Se entiende por recuperación no solo la reapropiación del territorio ancestral, sino su reparación y refertilización. Sobre el concepto de recuperación del territorio ver el Mito 10: "Los Mapuche tienen botadas las tierras que se les dan".

[103] Ver Mito 5: "Los mapuche son inconformistas, pues el Estado ha hecho lo suficiente y más para resolver el conflicto".

las comunidades. En primer lugar, es improbable que estas empresas cambien de rumbo y dejen de provocar daño ecológico, pues, por un lado, niegan —generalmente apelando a consultoras contratadas por ellos mismos— la veracidad de todos estudios académicos referenciados (dicen, por ejemplo, que la escases de agua es un mito) y, por otro, tienen a favor la laxitud de la institucionalidad ambiental de este país y las certificaciones internacionales que obtienen a pesar de la alta conflictividad que establecen con las comunidades movilizadas[104].

Por otro lado, empresas que crecieron a partir de la inversión pública y los resguardos y regalías de la dictadura, y gozan hoy de una distribución del poder que históricamente los resguarda, difícilmente estarían dispuestas a asumir más allá del costo mínimo que exigen los procesos de certificación y a establecer canales permanentes de diálogo y negociación con las comunidades acerca de su impacto socio ambiental. Y aquellas pocas empresas que invierten más en sus relaciones comunitarias y convocan espacios de diálogo y escucha de las demandas de las comunidades, solo lo hacen pragmáticamente en los procesos de certificación, cerrando luego esos canales.

Un segundo aspecto, tiene que ver con la contraposición que el movimiento mapuche identifica entre el extractivismo y la preservación/supervivencia del territorio y, en última instancia, de sí mismos como pueblo. La cosmovisión mapuche, cada vez más arraigada en las nuevas generaciones, no desvincula su cultura de la naturaleza ni su supervivencia

---

[104] Por ejemplo, entre todos los compromisos —la mayoría medio ambientales— que asumen las empresas con certificación FSC está: "Relaciones comunales y derechos de los trabajadores —mantener o mejorar el bienestar social y económico de las comunidades locales y de los trabajadores forestales" (En https://cl.fsc.org/es-cl/certificacin/principios-y-criterios/10-principios. Web consultada en 20-05-2018).

como pueblo de la sustentabilidad del ecosistema. Los principios del Buen Con-Vivir (*Küme Mongen*), de la armonía y equilibrio ecosistémico, de la naturaleza y la cultura, hoy no solo guían sus prácticas productivas hacia una relación respetuosa con el entorno (social, espiritual y natural), sino también su ideario y proyecto político. El fortalecimiento local de la religión mapuche, del *chedungun*, de la salud mapuche y de sus instituciones, ha encarnado en el Buen Con-Vivir no solo un proyecto cultural, sino también político y económico, que se contrapone al extractivismo.

En tercer lugar, y vinculado con lo anterior, está la lucha mapuche por el territorio, la que no se reduce a conquistar la propiedad de la tierra, como ha sido la lucha clásica campesina, pues "el territorio" implica todo lo que en ella germina y habita, lo natural y lo simbólico que allí florece[105]. Es solo en el territorio donde la cultura, la economía y la política mapuche cobra sentido y se hace posible. Por tanto, lo que necesita el Pueblo Mapuche de las forestales no es solo buen trato y canales de diálogo, ni mucho menos dádivas y trabajo precario, sino directamente que le restituyan el territorio despojado y les permitan desarrollar la autonomía y el Buen Con-Vivir, un nuevo modelo de desarrollo sustentable. Es el despojo territorial el que ha empobrecido y excluido al Pueblo Mapuche.

Es de conocimiento público en el territorio mapuche, y esto no solo incluye al movimiento sino al amplio Pueblo Mapuche, que el modelo forestal ha significado una crisis socio ambiental, que no solo pone en riesgo al ecosistema sino a ellos mismos como pueblo. Las comunidades saben de la crisis

---

[105] En el artículo 13 del Convenio 169 de la OIT se define territorio "como lo que cubre la totalidad del hábitat de las regiones que los pueblos interesados ocupan o utilizan de alguna otra manera".

ambiental que ha provocado la industria forestal en el territorio, que la fertilidad del suelo se agota, lo que se condice con su necesidad actual de abastecerse de agua con camiones aljibes y con las proyecciones científicas que estiman que comunas como Tirúa, a este nivel de explotación forestal, se desertificarán en tres décadas[106].

Las comunidades saben, por ejemplo, que son 20 litros diarios de agua lo que consume un eucaliptus de tres años, y 200 diarios al alcanzar los 20 años y que frente a ellos el canelo o el *lawen*, las hierbas medicinales, tienen pocas oportunidades de crecer. Saben que para cuidar la fertilidad de la tierra se deben rotar los cultivos y que las plantaciones están acabando con los ecosistemas y con la capa orgánica que le da naturalmente fertilidad a la tierra. Están conscientes de que la tala rasa que desarrollan las empresas deja el suelo expuesto directamente a las lluvias que arrastran el material orgánico desaguado hacia el mar. Un *peñi* del territorio que recuperó un predio luego de 10 años de lucha, se quejaba recientemente de que los eucaliptus no solo habían dejado infértil el suelo, sino que además sus raíces eran tan fuertes que incluso cuando los talaba volvían a crecer.

Aun cuando parte importante de los conflictos más bullados mediáticamente, como el caso Luchsinger-Mackay, se asocian a la colonización histórica y a la neocolonización del capital transnacional, la mayor parte de la conflictividad en territorio mapuche es en torno a la industria forestal (quema de camiones, de maquinarias y de las mismas plantaciones), pues desde el movimiento reconocen que su principal adversario hoy es la nueva "burguesía" forestal chilena

---

[106] Flores *et al.* (2010).

profundamente imbricada con la élite política y las privatizaciones de la dictadura[107].

Si bien el extractivismo global reproduce desigualdades y dependencias en la economía mundial, en contextos como el chileno donde en las últimas décadas se ha concentrado el ingreso en mega fortunas nacionales, la élite política y los Estados muchas veces son más condicionados por los grandes magnates criollos que por el gran capital foráneo. Sin duda, en las últimas décadas el movimiento mapuche ha tenido algunas conquistas importantes, pero la lucha parece más difícil cuando el adversario corresponde a aquellos grandes conglomerados nacionales que financian las campañas electorales de la élite gobernante[108] .

En los últimos cinco años la lucha del movimiento mapuche ha conquistado ciertos espacios de autonomía local y recuperado, principalmente en la provincia de Arauco, predios históricamente explotados por grandes empresas forestales, principalmente de Forestal Arauco (Grupo Angelini) y de Forestal Volterra (capital japonés). Estas empresas han aceptado las cuantiosas sumas de dinero que les ofrece el Estado para restituirle territorio al Pueblo Mapuche. Cuando estos predios fueron casi regalados en la contra reforma y, además, les fue subsidiada por décadas su explotación vía DL 701, la oferta parece irresistible. No obstante, "La Papelera", empresa del grupo Matte (Forestal Mininco), principal grupo financista de la clase política[109], se rehúsa a toda

---

[107] Esta es la tendencia mayoritaria en Chile, pero no la única, ni tampoco representa al conflicto en desarrollo en territorio argentino.

[108] Los dos grupos económicos nacionales que lideran la industria forestal pertenecen a los cuatro que más financian a los políticos en Chile. En los registros legales, el conglomerado que más aporta a la clase política es el grupo Matte, y el cuarto es el grupo Angelini. Para más antecedentes ver Matamala (2016).

[109] Matamala (2016).

negociación o diálogo con las comunidades movilizadas e incluso con el mismo Estado cuando intentan una compra para restituir territorio al Pueblo Mapuche. En este contexto, los predios de esta empresa hoy son el principal epicentro del conflicto y nosotros nos preguntamos: ¿pueden quedar sujetos los derechos de un pueblo y la paz del territorio al arbitrio del mercado y en última instancia, de un particular, como es la caso del grupo Matte, por ejemplo?

En el segundo semestre del 2015 se inició la temporada de cosecha forestal y el gobierno de Bachelet, en concordancia con la intransigencia de esta empresa, optó por una represión indiscriminada y una asignación especial de recursos policiales para resguardar sus faenas, superando los records históricos de gasto policial en el territorio[110]. Las comunidades se quejan ahora, como cualquier ciudadano, que con dinero de todos el Estado presta servicios especiales en vigilancia al grupo Matte.

En suma, para avanzar en la comprensión del conflicto y en caminos de paz, es importante entender que el adversario del movimiento mapuche no es la sociedad chilena, sino las industrias extractivistas (principalmente las empresas forestales), el Estado que las ampara y, solo en un lugar secundario, los latifundistas chileno-europeos. La prensa, por cierto, no contribuye a entender que este conflicto político es principalmente en torno a la explotación forestal. Que las comunidades mapuche están contra el extractivismo y el gran capital que lo encarna.

Este no es un conflicto entre la comunidad mapuche y la chilena. Sin embargo, al visitar el territorio o al leer atentamente los hechos noticiosos es posible reparar que no se trata

---

[110] Carabineros de Chile (2016).

de una lucha entre pueblos, sino entre un pueblo y un modelo de desarrollo devastador, concretamente, una industria forestal que implacablemente amenaza la supervivencia de las comunidades mapuche como sujeto colectivo.

Mito 5

"Los mapuches son inconformistas, pues el Estado ha hecho lo suficiente y más para resolver el conflicto"

Que el Pueblo Mapuche esté demandando restitución de derechos al Estado chileno sobre asuntos que tienen que ver con los invasores españoles, nos parece haberlo descartado anteriormente[111]. El Estado tiene consciencia de ello y reconoce una deuda, prueba de ello son las múltiples y diversas instancias y acciones que este ha generado para responder a la interpelación mapuche. Podríamos decir que desde 1911 con la conformación de una Comisión parlamentaria para responder a las múltiples quejas levantadas por mapuches debido a innúmeras injusticias[112]; hasta el reciente Proceso Constituyente Indígena en 2016, hay sucesivas tentativas gubernamentales de solucionar el "problema mapuche" o la "cuestión mapuche", como tantas veces se le ha llamado.

---

[111] Ver: Mito 3: "Los mapuche le protestan a Chile porque ya no pueden reclamar a los españoles que los colonizaron".

[112] Comisión Verdad Histórica y Nuevo Trato con los Pueblos Indígenas (2008: 46).

Por lo mismo, la porfía mapuche en la sostenida y persistente reivindicación de derechos acaba generando una suerte de cansancio e irritación en buena parte de la población chilena, que comienza a razonar desde la desinformación en la que vivimos. Y seguramente habrá usted escuchado cosas como las que siguen: "¿Qué más quieren los mapuche? Ya se les han destinado cuantiosos recursos, becas, fondos de desarrollo especiales, programas de idioma y un largo etcétera ¿qué más debe hacer el Estado?". Y esto lleva a la inevitable sospecha racista: "Son flojos, quieren que el Estado los mantenga[113]", "tienen que entender que para vivir hay que trabajar, no hacerse las víctimas", o simplemente al prejuicio de que "no se conformarán nunca, pues encontraron el modo de vivir a costa del Estado".

En las siguientes líneas, le invitamos a indagar en otros posibles motivos —no racistas, al menos— que nos ayude a comprender la porfía e inconformismo mapuche, en su más que centenaria insistencia interpelatoria hacia el Estado chileno para reivindicar sus derechos.

Podemos comenzar preguntándonos sobre cuáles son los derechos reivindicados por los mapuche para comprender si efectivamente las instancias gubernamentales han sido atingentes a tales demandas. Para no explayarnos en demasía, sintetizaremos estas demandas en cuatro, todas constitutivamente entrelazadas[114] y expresadas por los propios pueblos

---

[113] Ver Mito 7: "Los mapuche son violentos, intolerantes de la cultura chilena y antidemocráticos".

[114] Esto quiere decir, que el justo ejercicio de cualquiera de estos derechos demandados necesita la asistencia y ejercicio de los otros derechos demandados. Por ejemplo, un adecuado reconocimiento constitucional necesita un marco jurídico-político que genere las estructuras institucionales y mecanismos democráticos que acoja en el interior del Estado a distintos pueblos, de ahí la plurinacionalidad. Pero reconocer un pueblo también implica reconocerle sus derechos políticos, que implica la capacidad de deliberar sobre las formas de gobierno que plasman el

indígenas en el Proceso Participativo Constituyente Indígena (2017)[115]. Estas demandas transversales son: plurinacionalidad, reconocimiento constitucional, autonomía/autodeterminación y territorio.

¿Qué ha hecho el Estado en concreto? Si estas son las demandas fundamentales, lo lógico es que las instancias estatales respondiesen de alguna manera a estas. Lamentablemente, no se ha hecho mucho; baste decir que el reconocimiento constitucional fue prometido en 1989 y todavía continúa apareciendo como una de las propuestas estrella en el último Plan de gobierno. Al parecer el Estado padece de sordera selectiva, especialmente, hacia la palabra "derechos políticos colectivos".

Es verdad que se han destinado cuantiosos recursos para beneficiar a los pueblos indígenas, incluidos el Pueblo Mapuche, e incluso respondiendo a demandas surgidas de ellos. Sin embargo, la estrategia consiste en responder a demandas periféricas evitando hacerse cargo de las fundamentales, que básicamente son derechos políticos colectivos. Un claro ejemplo de este errado procedimiento lo expresa el Informe de la Comisión Asesora Presidencial de La Araucanía (2016)[116], base del Plan de Reconocimiento y Desarrollo Araucanía (2017). En tal informe se hace referencia al Convenio

---

modo particular de esta cultura. De ahí la autonomía/autodeterminación, dos caras de una misma moneda, que llevan implícita la noción de territorio, pues nadie se autodetermina en el aire.

[115] Informe disponible en http://www.constituyenteindigena.cl/wp-content/uploads/2017/05/Sistematizacion_Proceso_PCI.pdf Web consultada en 30-11-2017. También algunas reflexiones nuestras al respecto están disponible en https://territorioenconflicto.jesuitas.cl/etiquetas/proceso-constituyente-indigena/ Web consultada en 27-05-2018.

[116] Puede ver un análisis crítico al respecto en el artículo "Comisión presidencial Araucanía: otra oportunidad fallida", disponible en: https://territorioen conflicto.jesuitas.cl/comision-presidencial-araucania-otra-oportunidad-fallida/. Web consultada en 27-05-2018.

N° 169 de la OIT para asuntos tales como revitalización del mapudungun o el establecimiento de un feriado regional, pero absoluto silencio respecto a autonomía y autodeterminación en los asuntos internos y locales (art. 4) o sobre derechos territoriales y la propiedad indígena basada en la propiedad ancestral (art. 26,3). Se concede lo periférico ¡y se omiten los temas por los cuales existe el conflicto! Pero dada la pobre y tendenciosa cobertura mediática que existe sobre el Pueblo Mapuche, la sensación que prevalece es que nuevamente los mapuche no se conforman y que el Estado hizo su mejor esfuerzo.

Más llamativo resulta que las demandas explicitadas por 17.000 personas pertenecientes a pueblos indígenas, mediante el proceso de Participación Constituyente Indígena (2017), fueran completamente ignoradas en la elaboración del Plan de Reconocimiento y Desarrollo de la Araucanía (2017). Lo lógico, era comenzar a conversar un Plan a partir de lo expresado en el proceso con mayor participación explícitamente indígena de la historia del país[117]. Pero esta sordera selectiva hacia los derechos políticos colectivos de los pueblos indígenas no es nueva y explica, por ejemplo, que en nuestro país se reconozca la existencia de 'etnias' y no de "Pueblos" indígenas[118].

A riesgo de aburrir, pero atendiendo a la relevancia del actual conflicto entre el Estado chileno y el Pueblo Mapuche, revisaremos un último caso. Se trata de las definiciones de territorio propuestas por los pueblos indígenas en 1990, en el

---

[117] Puede ver un análisis crítico en el artículo "Plan Araucanía: ¿pueblo Mapuche objeto o sujeto de política?", disponible en: https://territorioenconflicto.jesuitas.cl/plan-araucania-pueblo-mapuche-objeto-o-sujeto-de-politica/ Web consultada en 24-08-2018.

[118] Ver Mito 2: "Los Mapuche son una etnia que es parte de Chile".

borrador para la Ley Indígena aún vigente[119] y la definición zanjada por el Estado. La propuesta de los pueblos indígenas, después de un largo proceso y con la participación más alta de la época, era comprender el territorio como...

> el espacio social, demográfico, ecológico, cultural fundamental para la existencia y desarrollo de los pueblos indígenas. El territorio incluye el conjunto del sistema ecológico necesario para el desarrollo de estos pueblos, sin perjuicio de los derechos de propiedad constituidos en esos espacios[120].

Definición en plena sintonía con el entonces recién inaugurado Convenio N° 169 de la OIT[121] (1989), considerando derechos colectivos y comprendiendo el territorio como un hábitat constitutivamente ligado a la cultura. Nada que no esté en la institucionalidad de los países de la región o de las potencias primermundistas con población indígena.

Ese borrador, que peregrinó entre fines de 1990 hasta 1993 por un largo camino de modificaciones —donde dicho sea de paso, no participó ninguna persona indígena y sí varios "honorables" senadores designados—, dio como resultado, la siguiente definición: "Espacios territoriales en que los organismos de la administración del Estado focalizan su acción

---

[119] En 1989 se convocó a todos los pueblos indígenas con quienes compartimos territorio a participar de un proceso que levantara sus propuestas para la nueva democracia, a cambio de que estos apoyaran al candidato Patricio Aylwin. Así, bajo el primer gobierno democrático, se crea la Comisión Especial de Pueblos Indígenas (CEPI) encargada de crear el borrador que desembocará en la propuesta de Ley Indígena.

[120] Nueva Ley Indígena, Borrador de Discusión elaborado a partir de Nueva Imperial, pág. 21 (Mariman *et al.*, 2006: 242).

[121] "La utilización del término 'tierras' en los artículos 15 y 16 deberá incluir el concepto de territorios, lo que cubre la totalidad del hábitat de las regiones que los pueblos interesados ocupan o utilizan de alguna otra manera" (Art. 13,2 Convenio N° 169 de la OIT).

en beneficio del desarrollo armónico de los indígenas y sus comunidades"[122]. ¿Nota la diferencia? Sí, es abismal. No solo no hay referencia a derechos colectivos, sino que se asume a los pueblos indígenas como carentes de la capacidad de desarrollarse por sí mismos. Lamentablemente, de aquel borrador no solo la definición de territorio no fue acogida sino tampoco derechos como el reconocimiento constitucional[123]. ¡Cuántas vidas y sufrimientos seguirían a esas aparentes decisiones menores de la burocracia política!

"¡Pero si ya se ha gastado mucho dinero en los mapuche!". También lo habrá escuchado, el repetido alegato sobre los abultados montos estatales gastados en compra de tierra a mapuche. Esto también puede comprenderse desde la lógica anterior. No obstante, el sentido de responsabilidad política y humana indicaría que sobre temas de restitución de derechos, el criterio que ha de primar y subordinar a todo lo demás, ha de ser aquel que más facilite la restitución al afectado. En su momento, los pueblos indígenas hicieron su propuesta en esta línea. Tristemente el criterio escogido para restituir derechos fue el mercado. Efectivamente, se optó por un mecanismo mercantilista de comprar a precio de mercado tierras privadas —donde el propietario busca lógicamente un negocio lo más rentable posible— elevando espectulativamente los montos a las nubes.

---

[122] Ley Indígena 19.253 (Mariman *et al.*, 2006: 242).

[123] En esencia, el borrador planteaba la necesidad de asegurar ciertos derechos que permiten la vida de estos pueblos, tales como tierra y agua como recursos fundamentales; planes de desarrollo según la especificidad de cada cultura; asumir oficialmente la diversidad cultural del país mediante el reconocimiento constitucional de los pueblos indígenas según estándares internacionales del Convenio N°169 de la OIT y diseñar mecanismos de participación (Mariman *et al.*, 2006: 241).

La situación empeora precisamente donde la tierra se le debe comprar a forestales[124]. Aquí los dineros son dobles: doble gasto del Estado y doble ganancia de las forestales, ciertamente, cuando las compras se efectúan, pues recordemos que el Grupo Matte no vende ni negocia. Por ejemplo, actualizado según el IPC del 2015, el fundo Tranaquepe fue vendido por Conaf a Forestal Arauco en 1989, a $85.000 la hectárea aproximadamente. Luego, el año 2014 Conadi compra a Forestal Arauco a $2.770.500 la hectárea[125]. Notará que hay alguna diferencia ¿no?

Ahora bien, un recurso sobreutilizado para deslegitimar las demandas por restitución de derechos del Pueblo Mapuche, y así justificar la sordera selectiva hacia los derechos políticos colectivos, ha consistido en afirmar que tales demandas son una invención de las últimas décadas, y que más bien responden a una construcción ideológica de grupos extremistas, sin continuidad histórica ni representatividad del Pueblo Mapuche[126].

Hay que admitir que las demandas por restitución de derechos levantadas por el Pueblo Mapuche ya expuestas, no existían como tal cuando el Estado debió conformar la Comisión Parlamentaria de 1911, que mencionamos al inicio. Sin

---

[124] Más detalles, en: Mito 4: "Las forestales que están allá son la tercera industria productiva del país ¿y todavía les molesta?". También puede revisar un análisis más pormenorizado en el libro *Pu lov y comunidades lavkenche en resistencia* (2017). También se recomiendan los artículos de Luis García-Huidobro: "DL 701 en trámite: la radicalización del conflicto forestal" o "Colusión papelera, desfalco forestal y despojo territorial", disponibles en http://www.elmostrador.cl/noticias/opinion/2015/11/12/colusion-papelera-desfalco-forestal-y-despojo-territorial/. Webs consultadas en 30-05-2018.

[125] Tomado del artículo de Luis García Huidobro: "DL 701 en trámite: la radicalización del conflicto forestal", disponible en http://www.elmostrador.cl/noticias/opinion/2015/07/23/dl-701-en-tramite-la-radicalizacion-del-conflicto-forestal/. Web consultada en 30-05-2018.

[126] Ver Mito 6: "Las demandas políticas mapuche son de grupos minoritarios y extremistas".

embargo, esto no quiere decir que sea una invención reciente, pues nada en la historia de los movimientos de reivindicación de derechos aparece de la nada. En tal época ya encontramos los antecedentes: tierra y justicia ante los atropellos. Demandan lo que pueden reclamar luego de quince años de resistencia contra el Ejército chileno y 30 años de políticas estatales que iban desde reducirlos territorialmente hasta el exterminio[127]. Se demanda lo que permite cada tiempo, evolucionando a cada paso de nueva autodefinición que otorga el ejercicio de los derechos conquistados, la comprensión del justo lugar en la sociedad y el igual acceso y uso del poder[128]. Tierra es territorio, justicia ante los atropellos; es reconocimiento que implica el derecho a autodeterminarse. Esta evolución es clara en la historia de reivindicación de derechos por parte del Pueblo Mapuche[129].

Cada época trae una evolución en sus formulaciones, fruto de una comprensión más profunda de la anterior. La trayectoria de los instrumentos internacionales en materia indígena lo grafica muy bien. El derecho a la libre determinación de los pueblos fue establecido en 1945 por las Naciones Unidas, pero jamás pensaron en los indígenas como pueblos, más bien pensaban en los pueblos en proceso de descolonización, principalmente en África[130]. En 1957, el Convenio N° 107 de la OIT habla de "poblaciones indígenas" (no de "pueblos") y las llama a integrarse a los estados, signos de modernidad y cultura[131]. Es solo en 1989 que el Convenio N° 169 de la OIT

---

[127] Comisión Verdad Histórica y Nuevo Trato con los Pueblos Indígenas (2008: 42).

[128] Esta dinámica la podemos encontrar en cualquier movimiento social por reivindicación de derechos.

[129] Un panorama de la evolución de las demandas mapuche puede encontrarse libros como Foerster y Montecino (1988) y Pairican (2014).

[130] Meza-Lopehandía (2009: 12).

[131] Meza-Lopehandía (2009: 9).

hablará de pueblos indígenas, abriéndose a los derechos políticos colectivos; y solo el 2007 la Declaración de los Derechos de los Pueblos Indígenas de la ONU, confirmará contundentemente los derechos políticos colectivos y abordará temas de autonomía/autodeterminación y territorio.

Respecto a que las demandas por derechos sean nada más que ideologizados discursos extremistas no representativos del Pueblo Mapuche, bastaría mirar los resultados de la Sistematización del Proceso Participativo Constituyente Indígena (2017) que mencionamos anteriormente. En dicho proceso difícilmente participaron los llamados "extremistas", pues no validan instancias estatales. Es decir, participaron los llamados "moderados", dando como resultado las demandas arriba expuestas, explicitando no solo la transversalidad de estas en el Pueblo Mapuche, sino también en ¡todos los pueblos indígenas con quienes compartimos territorio!

De este modo, al final de este camino, podemos reconocer que verdaderamente el Estado chileno, a través de sus sucesivos gobiernos, ha generado múltiples y diversas instancias de trabajo y gastado grandes sumas de dinero y energía en todo menos en las demandas por restitución de derechos del Pueblo Mapuche, que justamente son las demandas fundamentales.

Lo que parece estar tras la demanda del Pueblo Mapuche es ser considerado un sujeto político y no un objeto político, ni mucho menos, objeto de asistencia.

Cada vez que se elabore nuevamente un plan, una comisión, mesa u otra instancia que solamente consulte a los mapuche "bien portados" cercanos al gobierno de turno, para luego crear entre expertos alguna oficina y definir un modelo de vida, desarrollo, sustentabilidad, etc., se acabará en punto muerto. No importarán los millones gastados, pues el conflicto, el agravio y la injusticia permanecerá, mientras no se reconozca en el Pueblo Mapuche a un sujeto político con quien elaborar mejores modos de vida para vivir juntos.

Mito 6

"Las demandas políticas mapuche son de grupos minoritarios y extremistas"

Entre los tomadores de decisiones, e incluso entre los bien intencionados, parece instalada la idea de que los mapuche "simplemente buscan ayudas para salir de la pobreza y demostraciones institucionales de aprecio por su cultura, y el resto de sus demandas serían inventos y pataleta de delincuentes, extremistas e infiltrados". La élite y los medios de comunicación históricamente han reducido el conflicto en territorio mapuche a sus dimensiones económicas, culturales o criminológicas. Se describe "la cuestión mapuche" como 1) un problema de "pobreza" que se repara básicamente con empleo y apoyo productivo, como 2) un problema de "integración" que se resuelve mediante la asimilación cultural y la folclorización, o finalmente como 3) una "desviación social" que se resuelve con el control policial y judicial.

El Estado en las últimas décadas ha combinado desafortunadamente estas tres visiones en sus planes y programas, profundizando la pobreza y la exclusión del Pueblo Mapuche y radicalizando sus posiciones y acciones políticas. Ha insistido en reproducir —con pequeños matices— las mismas políticas represivas ineficaces por décadas, multiplicando así las diversas violencias en el territorio y negando e invisibilizando la dimensión política del conflicto[132]. La élite se rehúsa a reconocer a las organizaciones mapuche como sujetos políticos y, por cierto, caricaturiza sus demandas políticas en torno a la distribución del poder y el territorio como ideas foráneas infiltradas o minoritarias, propias de sectores radicales. Por el contrario, hoy se cuenta con evidencia que desmiente estos mitos, y que destaca a las demandas políticas del movimiento mapuche como un ideario transversal, desde los sectores más moderados hasta los más radicalizados. Como se mencionó en el capítulo anterior, el reciente Informe del Proceso Constituyente Indígena (2017)[133] tiene mucho que decir al respecto.

En mayo del 2017, la presidenta Bachelet hizo pública la sistematización del Proceso Participativo Constituyente Indígena, donde se exponen aquellas propuestas y demandas más sentidas de los pueblos indígenas que comparten el territorio chileno. Aun cuando los sectores más radicales de las organizaciones indígenas se restaron del proceso, la participación alcanzó un record histórico de 17 mil personas. Para tranquilidad de los sectores más conservadores, los encuentros para

---

[132] Es decir, un conflicto en torno a la distribución del poder y a la posibilidad de ejercer la autodeterminación de un territorio, que involucra al Estado como principal responsable de sus causas y de sus soluciones.

[133] Informe disponible en http://www.constituyenteindigena.cl/wp-content/uploads/2017/05/Sistematizacion_Proceso_PCI.pdf Web consultada en 30-11-2017. También algunas reflexiones nuestras al respecto están disponible en https://territorioenconflicto.jesuitas.cl/etiquetas/proceso-constituyente-indigena/ Web consultada en 27-05-2018.

la discusión de la nueva Carta Magna se desarrollaron bajo estándares democráticos internacionales y exclusivamente con aquellos sectores que acogieron la convocatoria con espíritu cívico, es decir, solo los sectores más moderados. Si bien los grupos más radicalizados del movimiento indígena se restaron del proceso, para sorpresa de muchos, las principales demandas manifestadas coincidieron con aquellas de corte político que la élite le atribuye exclusivamente a las posiciones extremas: reconocimiento constitucional, plurinacionalidad, autonomía/autodeterminación y derechos colectivos al territorio y sus recursos. Se trataría de demandas transversales, propias también de aquellos sectores que continúan creyendo y participando pacíficamente en la democracia chilena.

Este hallazgo del Proceso Constituyente Indígena no es de gran novedad para quienes estudian al movimiento mapuche, pero su relevancia es que visibiliza desde la propia institucionalidad el trasfondo estructural del conflicto. El informe de este proceso es contundente frente al argumento común de que las demandas político estructurales, son minoritarias y representativas solo de posiciones extremas. Si bien el ideario recogido en este proceso no es imputable a todo el Pueblo Mapuche, es representativo del sentir de su gran mayoría, y sobre todo del movimiento, es decir, el amplio y diverso grupo de comunidades organizadas que apoyan activa y políticamente las demandas por derechos políticos y territoriales. En ese sentido, cuando la élite se sienta a conversar exclusivamente con aquellas comunidades "bien portadas", lo que hace es negar al movimiento como interlocutor político válido y, en última instancia, evade aquellas demandas político-estructurales transversales entre los sectores movilizados. En definitiva, cuando se define arbitrariamente que los únicos actores mapuche válidos para el diálogo son los que no se quejan, los "indígenas permitidos", se descarta así no solo al movimiento mapuche como interlocutor válido, sino también los temas medulares en los que se funda el conflicto.

Se genera un diálogo infructífero y unilateral entre amigos y clientelas, donde mañosamente se descarta la posibilidad de dialogar directamente con los actores movilizados y realmente involucrados en el conflicto, y terminan inevitablemente levantando con pequeños matices las mismas y fracasadas propuestas economicistas y folclorizantes de las últimas tres décadas. Finalmente, al no abordarse los problemas de fondo, se acaban minando y desgastando aún más las confianzas y las posibilidades institucionales de alcanzar acuerdos y avanzar hacia la paz. En suma, mientras la élite invalida a todo el movimiento mapuche bajo el estigma de violentistas, delincuentes o agitadores, a fin de no dar espacio a un diálogo, incluso con los moderados, termina otorgándole la razón a los más radicales y fortalecen las posiciones y militancias más extremas.

Y no se trata de que las necesidades y anhelos de los mapuche "bien portados" y "permitidos" por la élite no sean relevantes públicamente, si no que para avanzar efectivamente hacia la paz resulta necesario dialogar también —y principalmente— con aquellos que son parte del conflicto y que levantan demandas políticas estructurales. Es cierto que la pobreza y la exclusión son problemáticas agudas entre el Pueblo Mapuche, y también es cierto que se requieren políticas y medidas afirmativas de su cultura; sin embargo, lo que el movimiento ha denunciado durante las últimas tres décadas, cada vez con mayor claridad, es que la pobreza y la pérdida de su cultura son la consecuencia de una adversa distribución del poder y del territorio. Esta distribución injusta y desigual se inicia con la llegada de los españoles, pero se agudiza con las dos últimas invasiones del Ejército chileno, la de fines del siglo XIX[134] con la ocupación del Biobío al sur y el proyecto nacional de colonización europea, y con la más reciente invasión neoliberal extractivista[135] desde la contrarreforma agraria de la dictadura militar hasta los últimos gobiernos democráticos.

Ciertamente, la claridad con que hoy el movimiento mapuche identifica las raíces estructurales y políticas de sus desventajas, se ha manifestado en las últimas dos décadas de movilización y las que no han sido espontáneas. Aquellos discursos que a principios del siglo XXI parecían exclusivos de los sectores más radicales del movimiento, hoy generan amplio consenso incluso entre los no militantes. El principal triunfo del movimiento mapuche, principalmente de las organizaciones más subversivas, es haber desencadenado transversalmente un proceso decolonial[136], reconectando su presente con la tradición, pero también —¿por qué no?— con una modernidad propia, un proyecto emancipador propio pero universal, desde donde se han repolitizado y reconstituido como actores políticos. Algunas de las ideas que se han fortalecido transversalmente y que están a la base de las demandas por la autodeterminación/autonomía son: a) el conflicto es político[137] y, por tanto, su solución es política, b) el adversario no es la sociedad chilena sino la élite y el gran capital extractivista (principalmente, la industria forestal

---

[134] Ver Mito 3: "Los mapuche le protestan a Chile porque ya no pueden reclamar a los españoles que los colonizaron".

[135] Ver Mito 4: "Las forestales que están allá son la tercera industria productiva del país ¿y todavía les molesta?".

[136] Definición disponible en glosario y en capítulo 12 con mayor desarrollo.

[137] Ver Mito 8: "El conflicto tiene que ver con la pobreza de los mapuche, y no con un asunto político".

con oficinas en Sanhattan), c) ante la crisis ecológica identificada en el mundo y en especial en *Wallmapu*, lo que está en juego en la resistencia al extractivismo es la sustentabilidad del territorio y, consustancialmente, de la cultura y la vida que allí habita, lo que implica, por lo tanto, su supervivencia como pueblo, d) el extractivismo y la industria forestal no ha traído riqueza sino pobreza y daño socioambiental, e) la restitución territorial no solo se fundamenta en un derecho ancestral o legal, sino en la necesidad de reparar y proteger el territorio del daño socioambiental y f) la resistencia mapuche es política y espiritual, lo que implica una revinculación con la tradición y una lucha desde las propias raíces culturales y religiosas. Entre los mapuche, estas perspectivas no son un sueño guerrillero sino una suerte de diagnóstico compartido, al menos, por todos aquellos que se animan a participar de la política convencional o transgresiva. Con todo, la élite prefiere negar al amplio movimiento mapuche, compuesto por moderados y radicales, caricaturizándolo como pequeños grupos terroristas y delincuenciales.

Ciertamente, la ideología colonial niega la posibilidad de que un pueblo originario cuente con sus propios procesos de modernidad reflexiva, de politización y de reconstrucción identitaria. Olvidan, por cierto, el carácter esencialmente político y estratégico de un pueblo que mantuvo por siglos relaciones diplomáticas con los invasores y que solo frente a eventos de crisis tuvo que optar por la guerra o la violencia. Olvidan que hoy ser mapuche no es solo la vinculación con la tradición, sino la relectura activa de sus raíces desde los significados y marcos culturales históricamente construidos en la interacción con los pueblos vecinos y los propios invasores. Desestiman aquí la presencia de una modernidad propia, de un proceso emancipador y universalista, que lejos de pretensiones fundamentalistas o racistas aboga por la sana convivencia entre los pueblos y entre los seres vivos, entre la naturaleza y la cultura.

Tristemente, a poco andar de la presentación pública del informe de sistematización del Proceso Participativo Constituyente Indígena, el gobierno de la presidenta Bachelet hizo público su Plan Araucanía en el que desconoció todas las demandas políticas estructurales planteadas por 17 mil personas de los pueblos indígenas. Este Plan acogió las propuestas de una Mesa de Diálogo que excluyó al movimiento mapuche y reprodujo casi en su integridad un proyecto presentado por dos senadores de derecha para la Araucanía pocos años antes[138]. Así mismo, se desestimó la propuesta de autonomía regional para la Araucanía planteada por la Comisión de Descentralización[139]. Frente a esta dura realidad, nos preguntamos si será posible que finalmente el Estado se anime a tratar políticamente el conflicto, dialogando con todos los involucrados. Ciertamente, la ausencia de compromiso con lat paz por parte importante de la élite económica y política se ha traducido en sucesivas promesas no cumplidas y en experiencia de diálogo desafortunadas. Ante la cerrazón política y la esquiva voluntad política de la élite, no sorprende que hace veinte años el movimiento viese en la violencia política un repertorio de acción colectiva legítimo, un modo alternativo, y, a veces más efectivo, de protesta.

---

[138] https://territorioenconflicto.jesuitas.cl/comision-presidencial-araucania-otra-oportunidad-fallida/ Web consultada en 20-03-2018.

[139] Disponible en: https://territorioenconflicto.jesuitas.cl/documentos/. Web consultada en 29-05-2018.

Mito 7

"Los mapuche son violentos, intolerantes de la cultura chilena y antidemocráticos"

Seguramente usted, al igual que nosotros, habrá escuchado alguna vez, expresiones tales como, "los comunistas se comen las guaguas", "los chinos hacen puras cosas rascas", "los mapuche son flojos y borrachos" y tantos otras afirmaciones de este tipo, que rodearon a más de una generación. Incluso muchas de ellas perduran hoy, en formas más sutiles, pero con la misma lógica discriminatoria. Lo invitamos a recordar algunas ideas que desde niño aprendió y a comenzar a analizarlas desde una nueva perspectiva. Continuemos con este ejercicio de desaprender/aprender.

Entre los muchos prejuicios racistas respecto a los mapuche, uno bien común ha sido la imagen de violentista y enemigo de las normas básicas de convivencia política, es decir, la representación de un bárbaro. Efectivamente, hoy tal prejuicio no se expresa así, a secas. Más bien va implícito por allí o por acá, invisible e innombrado. Por ejemplo ¿conoce usted algún Plan Araucanía, es decir, planes para mejorar la situación mapuche, donde hayan participado un número al menos paritario de mapuche, ya sea del diseño o en la implementación? Seguramente si usted es mujer, entenderá muy bien a lo que nos referimos. Pues bien, en este apartado lo queremos invitar a asomarnos a lo que hay tras estos prejuicios sobre los mapuche.

Desde la llegada de los invasores españoles, el Pueblo Mapuche —como también los otros pueblos indígenas— comenzó a padecer la violencia del racismo. La creación de la Nación chilena agudizó este tipo de discriminación, pues la presencia indígena hacía ruborizarse a la naciente república delante del modelo cultural europeo de sus ensoñaciones. Había que limpiar la mancha de la barbarie[140].

Y si bien es cierto que al principio los independentistas asociaron valores de la identidad indígena con la propia causa —como el amor a la libertad y la valentía del guerrero, expresado por ejemplo, en la presencia mapuche en el primer escudo patrio— esta asociación con "lo chileno" cambió[141]. No por arte de magia, por supuesto. Se conjugaron una serie de factores e intereses al norte del Biobío que despertaron el interés por una nueva interpretación respecto al valor del

---

[140] Ver Mito 3: "Los mapuche le protestan a Chile porque ya no pueden reclamar a los españoles que los colonizaron".

[141] Es interesante la siguiente reflexión de José Bengoa (2000: 139): "A pesar de la ausencia indígena en la lucha contra España, el tema "araucano" estaba presente en el discurso patriota. Los criollos independentistas vieron en la "guerra araucana" el antecedente inmediato de la lucha anticolonial: construyeron un discurso que retomaba las viejas banderas de Lautaro y Caupolicán, y que lamentablemente se contraponía a los hechos, ya que los descendientes de los héroes de la Araucanía se alinearon mayoritariamente en el bando realista. Este discurso contradictorio marcará la visión contemporánea de la sociedad chilena respecto a la sociedad mapuche. No podrá explicar —hasta el día de hoy— cómo los descendientes de tan preclaros guerreros fueron objeto de la guerra y el exterminio; en el discurso patriótico se los muestra como partes de la constitución heroica de la nación, y en la práctica cotidiana se les combate como rémora perniciosa del pasado, como expresión viva de la barbarie. La República chilena nace con un extraño traumatismo cultural respecto a su pasado y origen étnico".

mapuche. Por un lado, se instaló el paradigma civilización/barbarie[142], mientras que por otro, el contexto económico hizo brillar las tierras mapuche como lugar de productividad y riqueza[143]. De ser admirados, y motivo de orgullo patrio, los mapuche pasaron a ser bárbaros que impedían el progreso y riqueza del país. Comenzó así un proceso para justificar la apropiación de tierras mapuche.

Dado que es delito imperdonable arrebatarle lo suyo a gente tranquila, trabajadora e instruida, había que construir una imagen que hiciera justificable tal acción. Así, se inició el desmontaje del valiente y libre "araucano" para instalar al nuevo borracho, flojo, decadente y violento... bárbaro mapuche. Estas ideas se instalaron mediante un proceso mediático —cualquier parecido con el presente ¿es casualidad?— y político, con actores bien concretos[144], que impulsaron y aprovecharon la posterior invasión chilena[145], como por ejemplo:

> No se trata solo de la adquisición de algún retazo insignificante de terreno, pues no le faltan terrenos a Chile; no se trata de la soberanía nominal sobre una horda de bárbaros, pues esta siempre se ha pretendido tener: se trata de formar de las dos partes separadas de nuestra República un complejo ligado; se trata de abrir un manantial inagotable de nuevos recursos en agricultura y minería; nuevos caminos para el

---

[142] "En el pensamiento latinoamericano, liberal y positivista del siglo XIX, la civilización —la modernidad— podía alcanzarse reemplazando el patrón cultural "indio —ibérico— por uno abierto a Europa y Estados Unidos" (Comisión Verdad Histórica y Nuevo Trato con los Pueblos Indígenas (2008:353).

[143] Comisión Verdad Histórica y Nuevo Trato con los Pueblos Indígenas (2008:353).

[144] Si quiere conocer más al respecto, le recomendamos el capítulo: "Barros Arana y CIA. Los ideólogos de la invasión", en Cayuqueo (2017: 217-236).

[145] Nuevamente la historia de José Bunster es ilustrativa. Ver Cayuqueo (2017: 322-327).

> comercio en ríos navegables y pasos fácilmente accesibles so-
> bre las cordilleras de los Andes... en fin, se trata del triunfo
> de la civilización sobre la barbarie, de la humanidad sobre la
> bestialidad[146].

O bien, las palabras pronunciadas en el Congreso en agosto de 1868, por uno de los personajes históricos que lideraron la campaña anti-indígena, Benjamín Vicuña Mackenna:

> El indio (no el de Ercilla sino el que ha venido a degollar a
> nuestros labradores del Malleco y a mutilar con horrible infa-
> mia a nuestros nobles soldados) no es sino un bruto indoma-
> ble, enemigo de la civilización porque solo adora los vicios en
> que vive sumergido, la ociosidad, la embriaguez, la mentira,
> la traición y todo ese conjunto de abominaciones que consti-
> tuyen la vida del salvaje[147].

Efectivamente tales ideas divulgadas por la élite político-ilustrada y sus medios, permearon hondo en nuestra sociedad, sedimentando en estructuras e imaginarios que naturalizaron tratos y modos de relación racista. Por ejemplo, no es extraño encontrar todavía personas que hablan de la particular relación del mapuche y la embriaguez, o aquellos que relacionan flojera al origen mapuche[148]. Seguramente

---

[146] (Valdivia. Correspondencia de *El Mercurio*. Una cuestión de primera importancia. 5 de julio de 1859. Citado por Pinto, en Comisión Verdad Histórica y Nuevo Trato con los Pueblos Indígenas (2008: 355).

[147] Cayuqueo (2017: 225).

[148] En muchos casos, estas opiniones son proferidas por personas de muy buenas intenciones, pero que no han cuestionado el lugar de donde proviene el tipo de opinión que se han formado. En este sentido, el racismo actúa naturalizado, pues quien vierte estas opiniones no repara en que son racistas. Es decir, no existen estudios que den base a su idea; asocia un comportamiento negativo a una "raza" y no usa los mismos criterios para analizar su propia realidad y entorno.

usted alguna vez lo habrá escuchado. Pues bien, ya sabe al menos cuando fue tirada la semilla.

Conviene contrastar las ideas racistas divulgadas por los grupos de poder, con otras miradas del mismo tiempo sobre los mapuche para comprender por qué hablamos de construcción. La imagen del mapuche instruido, experto en el arte de la negociación y rico entre otras características, pareciera impensable en nuestra sociedad. Sin embargo, en el mismo periodo histórico en que se degrada al mapuche, encontramos a personajes como Juan Calfucura, gran líder militar, pero sobre todo un gran político que mantuvo relaciones epistolares con autoridades de primer orden, tanto chilenas como argentinas[149]; o Mañilwenu, *lonko* con una completa biblioteca en su *ruka* principal, gran pluma y una gran correspondencia con distintas autoridades políticas chilenas y argentinas[150]. Imagine a un "bárbaro" mapuche defendiendo sus ideas así:

> El tratado [de Katiray] se efectuó el 13 de junio de 1612 y consta que se dejó por línea divisoria el río titulado Biobío, dejándonos en entera libertad y uso de nuestras leyes para gobernarnos conforme a ellas, sin que tuviese la autoridad del rey intervención alguna. Después, en los años subsiguientes, se han ratificado estos tratados muchas veces, sin alteración, hasta el año 1793 que fue el último que yo alcancé a presenciar y tendría de doce a catorce años"[151].

---

[149] Cayuqueo (2017: 117).

[150] Cayuqueo (2017: 208).

[151] Cayuqueo (2017: 209), tomada de Jorge Pavez: "Cartas mapuche del siglo XIX". Carta enviada por Mañilwenu al general Justo José Urquiza, presidente de la Confederación argentina.

Lo más impresionante es que podríamos también mencionar la habilidad para el comercio, la negociación, la platería, la ganadería, la gran abundancia de esta sociedad donde también había chilenos trabajando para los mapuche[152]. Todo en el mismo tiempo que se construye desde la élite económico-política la imagen del mapuche bárbaro y violento. Ciertamente, la invasión de *Wallmapu* confirma el éxito de la construcción peyorativa que se hizo del mapuche, reforzada a su vez, por el enaltecimiento de los militares que avasallaron el territorio y su gente. Por ejemplo, grandes personajes como Mañilwenu, Kilapán, Calfucura, Mariluan, Montri, Kilaweke, Wentekol, Colipi, Coñoepan y un largo etcétera ¿los conoce o los ha oído mencionar siquiera? Difícilmente. Sin embargo, en las ciudades en territorio mapuche abundan calles y monumentos con los nombres de miembros del ejército que llevó a cabo la tarea "civilizatoria".

Es importante evitar el equívoco de mirar todas estas construcciones como partes de una historia pasada, y no asumir su vigencia actual. Al repertorio de desfiguraciones sobre el mapuche y sus tierras para legitimar la invasión chilena a su territorio, con la consecuente distribución de los recursos y del poder, también hoy se suman nuevas construcciones, como la idea del mapuche violento y terrorista, promovida por los mismos intereses de antaño y sus medios de comunicación. Y así terminamos asumiendo erróneamente que este pueblo con una larga tradición de negociación política para encausar el conflicto —como hizo con el Imperio Inca, la Corona Española y la naciente República chilena— es histórica y naturalmente violento. Ante esto, cabe preguntarse

---

[152] Al respecto, un gran aporte realiza Cayuqueo en su libro *La historia secreta mapuche*, especialmente en los capítulos "Calfucura. El Napoleón de las pampas", "Mañilwenu. El sabio de la tribu" y "José Santos Kilapán. El último Toqui de Arauco".

sobre cuáles son los procesos e intereses que actualmente en nuestra sociedad dan carácter real, necesario y legítimo a estos prejuicios. ¿Quiénes dicen más estos adjetivos sobre los mapuche, o quién los dice?

Sí es claro que, como antes, también hoy tales construcciones del mapuche tienen un efecto político: deslegitimar las demandas por restitución de derechos levantadas por el Pueblo Mapuche. En efecto, ya conoce usted la frase "con terroristas o violentos no se habla". Así, esta construcción entrega la excusa para evitar el diálogo sobre lo que no se quiere hablar: los derechos político colectivos.

Por lo anterior, nos parece importante decir alguna palabra sobre la construcción del mapuche violento o terrorista. Primeramente, como marco general, es necesario considerar que históricamente el Pueblo Mapuche no es un pueblo violento sino un pueblo brutalmente violentado, que bien podría catalogarse como sobreviviente[153]. Su destreza guerrera ha relucido como lucha de resistencia y no de conquista. Sin embargo, poco se habla del Pueblo Mapuche como experto en el arte del *koyangtun*, el arte de dialogar y de alcanzar acuerdos. Este arte ha predominado más que el de la lucha, y fue sabiamente ejercido tanto con los invasores españoles como con la República chilena en el siglo XIX, mediante los parlamentos (o tratados) que fueron un espacio político formal entre dos pueblos/naciones[154] para tomar acuerdos y compromisos mutuos en un ambiente intercultural[155]. Incluso, después de la primera

---

[153] Este pueblo sobreviviente a tres invasiones militares, la de la Corona, y las chilenas representadas por Cornelio Saavedra en el siglo XIX, y la de Ponce Lerou y su suegro, Augusto Pinochet, hace pocas décadas.

[154] Como lo expresa el Informe de Verdad Histórica y Nuevo Trato (2003: 39): *"Constituir un equilibrio entre dos* "naciones independientes", que mantenían relaciones, pero eran autónomas y se reconocían mutuamente".

[155] Esto es lo que ocurrió en Paicaví, Catiray, Quilín, Negrete, Boroa, Yumbel, Choque, Tapihue, entre muchos otros, durante casi dos siglos.

invasión chilena y en medio de las políticas asimilacionistas, desde 1910 hasta la fecha, una y otra vez han surgido organizaciones políticas y culturales mapuche para reivindicar sus derechos por las vías del diálogo y mediante las instituciones estatales[156].

Usted se preguntará por la violencia desplegada por el movimiento mapuche hace 20 años. Efectivamente, existe. Nos parece que para comprenderla adecuadamente[157] hay que comprender el contexto en el que acontece. Hay que notar que son tan diversos los actores involucrados en el conflicto entre el Estado chileno, la industria forestal y el Pueblo Mapuche, como también diversas son las violencias y las víctimas. Existen violencias históricas y originarias como contexto y fundamento de la violencia colectiva que despliega el movimiento mapuche, principalmente sobre maquinaria de las industrias forestales. Los actores y sus acciones no son aislados, y se despliegan, como la violencia, en interacción con otros actores estatales y privados que también ejercen violencia[158].

Quienes cohabitamos el territorio mapuche, experimentamos y presenciamos diversas expresiones concretas de las otras violencias. Por ejemplo, nos enfrentamos cotidianamente a la violencia medioambiental, donde las plantaciones forestales exógenas de pino y eucaliptus han arrasado con el suelo y el agua, erosionando el territorio y disminuyendo

---

[156] El repertorio de violencia política ejercida por organizaciones mapuche, a partir de 1997, es una realidad de los últimos veinte años. Frente a la negativa estatal a reconocer las demandas por derechos colectivos, las reiteradas injusticias y opresión que han sufrido, han encontrando en lo que ellos llaman "el derecho a la rebelión y autodefensa" un componente políticamente necesario —y forzoso— para la lucha por sus derechos como pueblo.

[157] Esto es, como violencia política y no delincuencia.

[158] Ver: Rojas Pedemonte y Miranda (2016).

la calidad y disponibilidad de agua para consumo humano. Así mismo, la violencia policial militarizada, con sus armamentos de guerra, los controles vehiculares que parecen de lugares en estado de sitio, *drones* sobrevolando comunidades y plantaciones. Convivimos con recursos de carabineros que cuidan más las plantaciones forestales y sus faenas, que la población frente a la delincuencia y los conflictos entre vecinos y familias. La violencia estructural que ha significado la pauperización de la población de estos territorios, mapuche y no mapuche, sufriendo durante muchos años el abandono del Estado y el empobrecimiento. De los tiempos de abundancia de recursos y tierras para desarrollar el auto sustento, pasaron a la exclusión, despojados del territorio y sus frutos. Se suma además la violencia judicial, cuando en múltiples casos se usan extendidas prisiones preventivas contra mapuche, saliendo en la mayoría de los casos absueltos luego de pasar cerca de un año privados de libertad y de la posibilidad de aportar con sustento a sus familias. Asociado a esta, se enfrentan a una opinión pública que olvida la presunción de inocencia, cuando el acusado o imputado es mapuche. De la mano de esta represión legal con fines desmovilizadores, está la violencia comunicacional y cultural, llena de prejuicios, a la que nos referíamos al comenzar. Lo viven día a día quienes salen a buscar trabajo a otras tierras, o en los lugares de estudio, o en otros intercambios cotidianos. Como respuesta a estas violencias surge la violencia política, o contraviolencia, realizada por algunas organizaciones mapuche ante el cierre de las vías políticas.

Cabe mencionar también que hace años, diversos organismos internacionales de Derechos Humanos le vienen llamando la atención al Estado chileno sobre el errado abordaje policial y no político dado a las demandas del Pueblo

Mapuche. Especialmente criticado ha sido el uso de la Ley Antiterrorista[159] y el uso abusivo de la fuerza policial contra miembros del Pueblo Mapuche[160].

Desconocer el conflicto político territorial es generar violencia. Negar las múltiples formas de violencia también. Simplificar el conflicto, empeora las cosas. La actual fase de creciente violencia está caracterizada por una interacción dinámica entre posturas extremas en los involucrados. Por un lado, por un movimiento mapuche que extrema posiciones y, por otro, un Estado sordo que radicaliza la represión policial, reduce la protesta a mera delincuencia y organiza comisiones asesoras presidenciales y mesas de diálogo, sin real representación de los actores involucrados y sin una real apertura política al diálogo[161].

---

[159] Junto a la obligación jurídica del Estado de sancionar el terrorismo, está la de delimitarlo con precisión, sin vulnerar derechos humanos ni libertades fundamentales. Según el Relator de Derechos Humanos y Contraterrorismo de la ONU, Ben Emmerson, el Estado chileno discrimina repetidamente a los mapuche al aplicarle la legislación Antiterrorista *de una manera confusa y arbitraria que termina generando una verdadera injusticia*.

[160] En los últimos 20 años son diversas las condenas de los organismos internacionales al Estado chileno por la vulneración de los Derechos Humanos de los pueblos indígenas y de sus derechos colectivos como pueblos. Ver entre otros: 1) Stavenhagen, R. (2003): Derechos humanos y cuestiones indígenas, Informe del Relator Especial sobre la situación de los derechos humanos y las libertades fundamentales de los indígenas, disponible en http://www.acnur.org/t3/fileadmin/Documentos/BDL/2006/4353.pdf?view=1 (web consultada en 01-03-2014); 2) Anaya, J. (2009): La situación de los pueblos indígenas en Chile: seguimiento a las recomendaciones hechas por el Relator Especial anterior, Informe del Relator Especial sobre la Situación de los Derechos Humanos y las Libertades Fundamentales de los Indígenas, Consejo de Derechos Humanos, disponible en http://www.politicaspublicas.net/panel/attachments/article/389/2009-chile-informe-relator-james-anaya.pdf (web consultada en 29-05-2018) , y 3) Sentencia de la Corte Interamericana de Derechos Humanos: "Caso *Lonkos*" y sus implicancias para Ley N° 18.314 sobre conductas terroristas, disponible en http://www.ministeriodesarrollosocial.gob.cl/pdf/upload/sentencia-traduccion-final.pdf (web consultada en 27-01-2017).

[161] Y si bien, a todos nos cabe responsabilidad por lograr entendimiento, el Estado debe ser el primero; sin embargo, con más represión policial, reducción de la protesta social a simple delincuencia, creación de instancias excluyentes y sin voluntad de abordar los temas de fondo, difícilmente se llegará a la paz.

Nos parece que no es difícil comprender que el conflicto se enfrenta con diálogo, y no con más violencia. De esta solo se puede esperar más violencia. Mientras sigamos repitiendo en nuestro interior las frases de mapuche flojo, borracho, violento y terrorista, no avanzaremos en este diálogo, y menos en la paz. El reconocimiento del otro presupone respeto, y este necesita del (re)conocimiento del otro. Re-conocer a otro es también re-conocerse a uno mismo, ambas van de la mano y parecen ser nuestro desafío. Porque mientras menos conocemos al Pueblo Mapuche más nos inclinamos a adoptar esos prejuicios. La paz que todos queremos para este territorio no puede surgir desde otro lado que desde la justicia[162]. Pero para esto es preciso que las personas involucradas, en especial quienes tienen liderazgo y autoridad política, superen la idea del otro como "enemigo".

En este sentido, nos parece que en relación al Pueblo Mapuche debemos cultivar una disposición a desaprender/aprender un modo más abierto, justo y horizontal de relación. Desde ese lugar, podremos retomar los esfuerzos para dialogar y encontrar los modos para caminar, desde la justicia hacia la paz que todos necesitamos y deseamos.

---

[162] "La obra de la Justicia será la Paz y los frutos de la Justicia serán tranquilidad y seguridad para siempre" (Isaías 32, 17).

Mito 8

"El conflicto tiene que ver con la pobreza de los mapuche, y no con un asunto político"

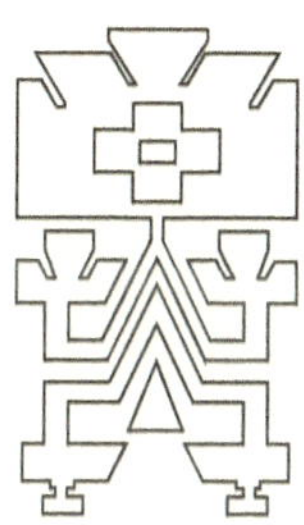

Sin duda usted conocerá algunos de los prejuicios respecto a la pobreza de los mapuche o de su territorio, pues están bastante difundidos en nuestro imaginario chileno. Seguramente habrá oído mencionar afirmaciones, tales como: "Hace falta un buen programa de desarrollo para la región y así acabar con la pobreza de los mapuche"; o bien, algunas declaraciones racistas, como: "Hay que enseñarles a los mapuche que es necesario trabajar" o "la pobreza que existe en la Araucanía tienen que ver con el alto número de mapuche que ahí habita"[163]. En la siguiente conversación queremos invitarlo a mirar esta relación sumando algunos elementos que nos ayuden a desaprender/aprender para intentar una nueva comprensión.

---

[163] Esta afirmación es racista en la medida que adjudica a una "raza" —la mapuche— el defecto de la flojera. La conclusión es que nuestra "raza" —cualquiera sea esta— es intrínsecamente mejor que la otra.

¿Ha reparado en la naturalidad con que asumimos que los mapuche han sido y son pobres? ¿De dónde hemos sacado esa idea y qué explicación le damos? Vale la pena detenerse un momento en esto, pues aquí se nos cuelan lógicas racistas de las que muchas veces no somos conscientes. Simplemente, desde pequeños asumimos naturalmente que los mapuche son pobres. Nada sorprendente, si consideramos los resultados de experimentos aplicados internacionalmente a niños y niñas, incluso en Chile[164], que demuestran que entre el conjunto de características negativas que se le atribuyen a las personas racializadas, destaca el ser pobre.

En ningún caso intentamos negar la pobreza existente en territorio mapuche, pues los indicadores, tanto a nivel monetario como multidimensional, son categóricos al respecto. Sin embargo, si desandamos la historia constataremos que el Pueblo Mapuche no fue pobre. Reanudar el camino desde ahí nos ayudará a responder nuevamente la pregunta por los motivos de la actual pobreza, al mismo tiempo que nos entregará elementos tanto para avizorar posibles caminos, como para examinar nuestros prejuicios.

Como decíamos, los mapuche no siempre fueron pobres. Antes de la llegada de los invasores españoles no hay ningún indicio de que el Pueblo Mapuche haya vivido en la pobreza[165]. Más bien, a partir de las crónicas escritas por los conquistadores, podríamos perfectamente definir a la sociedad

---

[164] Un registro audiovisual de una de las aplicaciones del experimento de Kenneth Clark y Mamie Clark a los niños chilenos fue realizado por el equipo de periodistas de Informe Especial, disponible en https://www.youtube.com/watch?v=-hDCCa KPFZk. Web consultada en 27-05-2018.

[165] Comisión Verdad Histórica y Nuevo Trato con los Pueblos Indígenas. Editado por el comisionado Presidencia para Asuntos Indígenas. Primera edición, Santiago de Chile, 2008. p. 329.

mapuche como una sociedad de la abundancia[166]. Una vez iniciada la colonia, los mapuche pasaron a transformarse en una verdadera potencia ganadera del cono sur y en grandes comerciantes[167]. Durante las primeras décadas de la República chilena, antes de la invasión, también destacaron por su producción de trigo[168]. Incluso las crónicas que hay sobre sus principales *lonkos* en los años previos a la invasión chilena, como Mañilwenu, destaca la riqueza en su amplio sentido[169].

¿Y la pobreza? Llega a partir de la invasión del Estado chileno, más precisamente desde que en 1868 este comienza a aplicar su estrategia de "guerra de exterminio"[170], consistente en arrasar con todo cuanto estuviera al paso: niños, mujeres, *rukas*, siembras, animales, todo. Durante el duro invierno de 1869, son numerosas las familias mapuche que mendigan alrededor de los fuertes por alguna porción de comida[171]. La victoria chilena, que se tiene como hito, ya sea la fundación de Temuco (1881) o la refundación de Villarrica (1883) fue a base de aniquilar mediante armas y empobrecimiento al Pueblo Mapuche.

---

[166] *Op cit.*, 323.

[167] Cayuqueo (2017: 30).

[168] El cultivo de este cereal ha sido la principal actividad agraria productiva desde el siglo XVI dentro de la economía mapuche. (Bengoa, 2000: 85).

[169] Ver Cayuqueo (2017: 89-216).

[170] Pedro Cayuqueo (2017: 300-303) recoge algunos testimonios de los mismos soldados chilenos que participan en esta guerra sucia. Aquí un extracto de uno de ellos: "Ya sabrá mi amigo la mortandad de indios que los soldados del gobierno hicieron en la cordillera (...) los indios muertos pasan de seiscientos, las lanzas que dejaron en su arrancada pasan de ochocientos y las familias hasta cien entre mujeres y chiquillos. ¡Qué tal amigo! Ya Kilapán, sino ha escarmentado, estará tristísimo con la pérdida de mocetones, mujeres, chiquillos y animales. Veremos dónde se mete ahora que no sea perseguido por el gobierno" (Cayuqueo, 2017: 302).

[171] Cayuqueo (2017: 304).

Lo que siguió a esa masacre fue el proceso de constitución de la propiedad en territorio mapuche[172] entre los años 1884-1927[173]. Para los mapuche fue un proceso de reducción territorial, gracias a los famosos títulos de merced que los redujeron a un pequeño pedazo de tierra. De este modo, después que el Ejército acabó con sus medios de subsistencia, los redujo territorialmente, quebrando los tejidos socio-políticos y aniquilando su desarrollo económico que venía en expansión desde el siglo XIX[174], y relegándolos así a una economía de subsistencia en el siglo XX[175]. A juicio del historiador José Bengoa, el proceso al que nos referimos significó la transformación del Pueblo Mapuche en una sociedad campesina pobre e ignorante[176]. O bien, como concluye este importante documento histórico político:

> De esta manera, la sociedad mapuche pasa de un estado de riqueza y abundancia, que habían alcanzado durante la colonia y que se mantuvo hasta los primeros años de la República, a

---

[172] Ver Mito 9: "Los mapuche quieren todas las tierras al sur del Biobío y expulsar a los chilenos".

[173] Proceso que también explica la formación de las grandes concentraciones de tierra y el latifundio en territorio mapuche, que generalmente quedaron en manos de fervientes partidarios de la invasión chilena a territorio mapuche.

[174] Correa *et al.* (2005: 43) expone en el pie de página una serie de investigadores que se refieren al dinamismo de la economía mapuche que es recomendable visitar. Aquí, una de aquellas referencias tomada de Iván Inostroza (1986: 295): "Haciendo referencia a los siglos XVIII y XIX, señala que la sociedad mapuche genera un desarrollo agrícola con excedentes que es necesario intercambiar, proceso productivo que involucra al conjunto de la sociedad mapuche y a su territorio, comprendido por el área circumpampeana y la Araucanía, además de vincular a estas un importante mercado fronterizo de productos agrícolas, ganado y sal".

[175] Correa *et al.* (2005: 43).

[176] Bengoa (2000: 364). La ignorancia corresponde a que de un momento a otro el conocimiento mapuche quedó invalidado e inútil, pues toda la orgánica social, política y económica funcionaba en base a la lógica occidental, comenzando por asuntos tan básicos como el idioma hasta otros más complejos como contratos. Todo era extraño para un mapuche, más aún esto de que la tierra se pueda comprar.

un estado marcado por la pobreza que se prolongará hasta la actualidad. Como ya fuera dicho, mapuche, y en menor grado no mapuche, denunciaron estos hechos que ocurrían en el sur del país, el problema es que por lo general, estas denuncias no fueron escuchadas[177].

Tras este breve recorrido, concordará en que una asociación racista entre pobreza y mapuche no tiene asidero. Sin embargo, la relación entre pobreza y Pueblo Mapuche existe, negarla sería intentar tapar el sol con un dedo. La explicación sobre esta relación, a nuestro entender, ha de buscarse en la dimensión política, pues como hemos visto, el proceso de empobrecimiento al que fue reducido el Pueblo Mapuche tiene un responsable: el Estado chileno. En este sentido, el problema de fondo para el Pueblo Mapuche no tiene que ver con mayor o menor riqueza, sino con reconocimiento, autonomía y territorialidad. Veamos qué quiere decir esto.

El problema real para el Pueblo Mapuche aparece cuando deja de ser respetado como un sujeto colectivo con derechos propios, digno de ser reconocido y tratado como tal. A la vulneración de tales derechos, le sigue la actual situación de pobreza. Es decir, la sustracción de sus derechos políticos junto a la usurpación territorial, que lo confina a la pobreza y tutoría estatal. Sin ir más lejos, el único periodo de tiempo en su milenaria existencia en que los mapuche han padecido la pobreza ha sido bajo la tutoría estatal. Así, el problema fundamental no es el empobrecimiento del Pueblo Mapuche, sino la raíz política del conflicto, la invasión, reducción y distribución arbitraria del poder y del territorio por parte del Estado chileno.

---

[177] Comisión Verdad Histórica y Nuevo Trato con los Pueblos Indígenas (2003: 368).

Al no reconocer los derechos políticos de un pueblo lo que hacemos es decidir por ellos, bajo el supuesto de superioridad, por más disimulado que sea, y prolongar la violencia sobre esa cultura, imponiendo la nuestra. Esta ha sido la tónica en la relación del Estado chileno con el Pueblo Mapuche. En este sentido, podríamos decir que la pobreza que padece en su territorio este pueblo es más responsabilidad chilena que mapuche, pues nunca los hemos dejado participar en todo el proceso de elaboraciones y decisiones de planes.

Si observamos las políticas públicas que el Estado Chileno ha orientado al Pueblo Mapuche históricamente, y principalmente en las últimas décadas, encontraremos que respecto al problema de fondo han sido más bien paliativas y focalizadas en hogares e individuos. Se han tratado principalmente de subsidios económicos y productivos: entrega de tierras, capacitaciones, apoyo al emprendimiento, etc. Numerosos han sido los programas creados[178] y en la mayoría de los casos bajo una lógica de discriminación positiva, focalizados en hogares indígenas en condiciones de pobreza y vulnerabilidad. Si bien, en muchos casos han ayudado a salir de la pobreza, esta en el abundante territorio mapuche sigue siendo la mayor del país. En tal sentido, estas políticas son cuestionables por su ineficacia, pues no disminuyen las brechas con el resto del país,

---

[178] Programa de Desarrollo Territorial Indígena (PDTI); Programa Orígenes; Programa Intercultural Bilingüe (PIB); Concursos de Desarrollo de Áreas Indígenas (ADIS) en el marco de la Ley 18.450; Modelo Forestal Intercultural Mapuche (Mofin); Manual de Planificación de Áreas Silvestre; Plan de Infraestructura Para Comunidades Indígenas en Áreas Rurales; Programa Especial de Salud de los Pueblos Indígenas; Beca Indígena; Concurso de Apoyo a la Especialización de Técnicos y Profesionales Indígenas; Subsidio para Obras de Riego o Drenaje en Comunidades Indígenas; Certificado de Bonificación a Obras de Riego y Drenaje; Promoción e Información de los Derechos Indígenas; Registro de Comunidades y Asociaciones Indígenas; Defensoría Penal mapuche.

ni entre mapuche y no mapuche, pero también por su escasa pertinencia cultural[179].

Por supuesto, en nada han tocado el problema de fondo, dado el carácter político de este y no económico. La misma persistencia del conflicto entre el Estado de Chile y el Pueblo Mapuche nos muestra que estas políticas no son la respuesta.

Sin duda, querer ayudar a alguien sin ese alguien, es siempre una mala ecuación. Respecto al Pueblo Mapuche, puede haber muy buenas intenciones y loables valores en el deseo de ayudar a paliar la pobreza; sin embargo, todos los esfuerzos en este sentido que no impliquen reconocimiento del Pueblo Mapuche como sujeto colectivo de derechos, protagonista y responsable de establecer los modos y criterios para su Buen Con-Vivir, acabarán como castillos en el aire.

Un ejemplo de todo esto lo hemos vivido nosotros mismos. Una *papay* (adultas mayores mapuche, portadoras de sabiduría) que vivía sola en la montaña y a quien desde el Hogar de Cristo acompañábamos, se le regaló una cocina al ver que no tenía nada más que un fogón para cocinar. Asumimos que así se libraría del humo y su salud podría mejorar. Ella nunca dijo lo que deseaba, pero los que éramos de fuera decidimos que era una buena idea. Noble intención, pésima decisión. Después de un mes de la instalación de la cocina en su *ruka*, esta estaba convertida en despensa. Las políticas públicas económicas que pueden ser buenas, terminan en fracasos por no considerar al otro como sujeto, sino como destinatario pasivo de medidas asistencialistas. No consideramos que la *papay* era parte de una familia, de una comunidad, de un territorio, con prácticas, hábitos y necesidades que se insertan en un entramado mayor de relaciones colectivas e históricas. Fue

---

[179] Se recomienda leer Richards (2013).

acompañada como una beneficiaria y no como un sujeto de derecho con el cual colaborar en lo que avizora como solución.

Ahora bien, dejando por sentado que la raíz del conflicto entre Estado chileno y Pueblo Mapuche no es un asunto de pobreza, sino político como ya hemos expresado, es llamativo que un territorio tan codiciado por sus ricos recursos como para invadirlo[180], y que en la actualidad, alberga a la tercera fuerza productiva del país —las forestales— esté sumido en la pobreza[181]. Hasta donde sabemos, los mapuche no fueron pobres sino hasta después de la invasión, cuando la propiedad del territorio quedó —al menos en La Araucanía— en un 87,2% en manos del Estado[182], o sea, bajo su control y el de los terratenientes que apoyaban el "progreso" del país.

¿No es extraño que apuntemos a los mapuche como los responsables de la pobreza del territorio, cuando la única vez que no fue pobre ese territorio fue cuando estaba bajo su control; y la única vez que ha sido pobre el mismo territorio, es cuando ha estado bajo control del Estado chileno? Al menos para darle una vuelta.

---

[180] "En efecto, siempre hemos mirado la conquista de Arauco como la solución del gran problema de la colonización y del progreso de Chile, y recordamos haber dicho con tal motivo que ni brazos ni población es lo que el país necesita para su engrandecimiento industrial y político, sino territorio; y esta es sin duda una de las fases más importantes de esta gran cuestión nacional" *El Mercurio*, 24 de mayo de 1859. En Bengoa (2000: 180).

[181] Ver Mito 4: "Las forestales que están allá son la tercera industria productiva del país ¿y todavía les molesta?".

[182] Hasta 1900, un 35,32% del territorio había sido ya rematado a privados por parte del Estado; entre 1900-1911, un 6.37% habría sido traspasado en concesiones a las empresas de colonización; y un 12.8% queda en manos mapuche vía títulos de merced (Correa *et al.*, 2005: 52-55).

Mito 9
"Los mapuche quieren todas las tierras al sur del Biobío y expulsar a los chilenos"

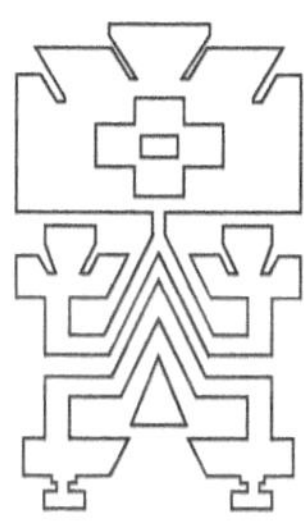

¿La ha escuchado usted? Una frase, bastante recurrente, generalmente a raíz de las demandas y acciones territoriales del movimiento mapuche. Dice algo como "los mapuche quieren recuperar todo su territorio y expulsar a todos los chilenos del Biobío al sur". Está bien esparcida por ahí donde afloran conversas sobre lo que sucede al sur del Biobío. Sin embargo, se sorprendería de lo alucinógena que resulta tal expresión respecto a la cotidiana normalidad en que convivimos chilenos y mapuche en *Wallmapu*. Pero dado que existe una distancia real en kilómetros y sideral en cobertura mediática sobre los sucesos locales en territorio mapuche, le invitamos a acercarnos conversando la historia de la constitución de la propiedad de estas tierras, y así, poder templar expresiones alarmistas respecto a las demandas territoriales del movimiento mapuche.

Como ya hemos abordado en otros mitos, el Pueblo Mapuche sufre la usurpación de su territorio a manos del Estado chileno, siendo por tanto este el origen de lo reclamado por el movimiento mapuche. ¿Pero cuál es el territorio mapuche? ¿Los títulos de merced?, o ¿tendremos que retrotraer la historia hasta antes de la invasión chilena? Para ser sinceros, no tenemos estas respuestas, pero le convidamos a buscar algunos elementos que nos ayuden a desaprender/aprender para volver sobre las mismas preguntas con mayores elementos.

Hasta aproximadamente la década de 1870 sabemos que el Pueblo Mapuche ocupaba uno de los territorios más grandes que algún pueblo indígena haya controlado en América[183], siendo el río Biobío la frontera con el Estado chileno. Lo interesante, es que en 1825 había acontecido el Parlamento de Tapiwe, mediante el cual el Estado asumió a los mapuche como ciudadanos chilenos, aunque respetando la autonomía política y territorial. Sí, leyó bien, aquello que tanto se caricaturiza hoy sobre autonomía y territorialidad, ya era tema resuelto en 1825 por el Estado.

Sin embargo, tal medida plantó las bases para el inicio de un proceso de "colonización espontanea"[184] o "infiltración de la frontera"[185], que consistió en el paso de chilenos, que inicialmente iban a trabajar, pero que acabaron adquiriendo tierras fraudulentamente[186] aprovechando los términos

---

[183] "Efectivamente, durante el siglo XVIII y sobre todo la primera parte del siglo XIX, hasta la década del setenta, los mapuche dominaron y ocuparon para sus actividades pastoriles, ganaderas, cazadoras, un territorio enorme, quizás el de mayor tamaño que un grupo étnico o pueblo indígena haya controlado en toda América" (Comisión Verdad Histórica y Nuevo Trato con los Pueblos Indígenas (2008: 343).

[184] Comisión Verdad Histórica y Nuevo Trato con los Pueblos Indígenas (2008: 356).

[185] Correa *et al.* (2005: 19).

[186] Comisión Verdad Histórica y Nuevo Trato con los Pueblos Indígenas (2008: 357).

occidentales de la legislación no comprendidos por los mapuche[187]. Aquí hay una primera apropiación ilegítima de tierras mapuche por personas no mapuche, violando tanto la ley chilena como la mapuche.

La apropiación ilegítima continuó por vía "legal" cuando el 2 de julio de 1852 el Estado chileno crea unilateralmente la Provincia de Arauco, incorporando nominalmente parte de *Wallmapu* y, por tanto, introduciendo su jurisdicción, que como consecuencia le permite reglamentar la constitución de propiedad en territorio mapuche[188]. Como era de esperar, esto significó una pérdida sustantiva de tierras para los mapuche, como indica el historiador José Bengoa: "Hacia 1860, el espacio entre el Biobío y el Malleco ya había sido comprado, ocupado, usurpado casi totalmente, y la mayor parte de la población mapuche despojada y desplazada"[189]. En muchos casos la tierra era una especie de botín de pago para incentivar al mismo Ejército chileno que se adentraba en territorio mapuche: "Es de advertir que casi todos los jefes que residían en las guarniciones de la frontera, adquirieron por ese tiempo fundos sin valor. Era un procedimiento (...) para hacer uso del derecho a conquista"[190]. Así, tenemos un segundo modo de apropiación ilegítima de tierra mapuche, note usted que hasta aquí no tenemos noticia de los famosos títulos de merced.

---

[187] Esto abarca desde aspectos prácticos como el idioma en que está redactada la legislación, hasta cuestiones más sofisticadas, como por ejemplo, la compra de tierra, que dentro de la cosmovisión mapuche no existe en los términos en que nosotros la comprendemos.

[188] Correa *et al.* (2005: 20) llama la atentción respecto a que la creación de la nueva provincia de Arauco implicó reconocerla como tierra indígena.

[189] Bengoa (2000: 159).

[190] Guevara (1901: 144), citado en Bengoa (2000: 159).

Esta usurpación territorial llevada adelante por particulares[191], que además violó las mismas leyes chilenas, es parte de los reclamos territoriales que algunas comunidades mapuche mantienen con particulares, y que no corresponde a los títulos de merced[192]. Y si bien, un conjunto de normas —por diversos y engañosos mecanismos— regulará la acción de los especuladores que ilegalmente se habían apropiado de tierra[193], en la memoria de las comunidades mapuche no existe algo así como "pasó la vieja" como dicen algunos. Razonable ¿no le parece?

El 17 de septiembre de 1859 se aprobó el primer plan Araucanía: la invasión a *Wallmapu*[194]. Así comenzó un primer período de apropiación de territorio mapuche y constitución de la propiedad privada no mapuche que abarcará hasta 1883, fecha en que el Ejército chileno toma control de *Wallmapu*, con la refundación de Villarrica[195]. Este tiempo se caracteriza por el remate de propiedades con el doble fin de resguardar los territorios conquistados y promover el desarrollo agrícola[196]. También en este período se estructurará la concentración de la tierra y conformación de latifundios en la Araucanía, pues aunque se legisló para que la cantidad máxima de hectáreas a adjudicarse en un remate no fuese más de 500, no se legisló

---

[191] Particularmente documentada en "Sobre los abusos cometidos por particulares en contra de los indígenas y la incapacidad de los protectores para defenderlos" del Informe Verdad Histórica y Nuevo Trato con los Pueblos Indígenas (2008: 371-374).

[192] Un análisis de esta situación en el territorio lavkenche de Arauco se puede encontrar en Pu lov y comunidades lavkenche en resistencia (2017: 74-113).

[193] Correa *et al.* (2005: 22).

[194] Cayuqueo (2017: 269).

[195] Según Cayuqueo (2017: 354-356) la refundación de Villarrica, junto al lago Mallolafken (hoy llamado Villarrica), el 1 de enero de 1883, representa el hito del fin de la Ocupación de la Araucanía.

[196] Correa *et al.* (2005: 27).

para impedir que una misma persona participara en más de un remate e incluso de predios colindantes[197]. Paradojalmente, las mismas personas, o sus cercanos —que presionaron al Estado para correr la frontera hacia el sur mediante la fuerza militar— e incluso algunos ayudando a financiar las expediciones, quedarán en posesión de grandes extensiones de tierras[198].

Ahora bien, lo anterior corresponde a la constitución de la propiedad privada no mapuche en tierra mapuche. Ahora cotejemos cómo se conformó bajo la legislación chilena la propiedad mapuche en la misma tierra que les fue arrebatada por el Estado mediante el Ejército.

Aquí entran en juego los famosos Títulos de Merced, que de merced tienen solo el nombre. Claro, pues estos títulos son el resultado de la radicación de mapuche a medida que el Ejército va arrebatando tierras del Biobío al sur. Para ser más claros, el proceso de radicación de mapuche mediante títulos de merced[199], no es más que el proceso de reducción territorial. Es decir, si eras dueño de 10, te quitaban 10 y te regalaban un título por 1. Como explica el historiador Martín Correa —a quién seguimos en toda esta temática—, lo que se reconoció como propiedad a los mapuche censados y radicados fue aquello "efectivamente ocupado' la ruca, los huertos familiares y lo cercado. No reconociendo territorios de pastoreo, ramoneo, extracción de leña, y de recolección de frutos,

---

[197] Ibíd.

[198] Tal como lo demuestra el remate de Traiguén, el 13 de abril de 1881, donde 30 personas se adjudicaron 54.819 hectáreas, subdivididas en 138 hijuelas. Participaban en tales adquisiciones los representantes del poder hacendal de la frontera, entre ellos, José Bunster (6.000h), Lorenzo de la Maza (1.620h), el sacerdote Marcos Rebolledo (2.940h), y Lisandro Anguita (1.155h) (Correa *et al.*, 2005: 29).

[199] La normativa que rige la radicación databa de 1866 en los sustantivo, pese a la reforma de 1883, cuando esta se ejecuta. (Correa *et al.*, 2005: 47).

es decir, los territorios antiguos, aquellos que permitían la supervivencia material y cultural de las familias mapuche"[200].

Así, al término de este proceso de reducción —ahora sí, llamémoslo por su nombre— en agosto de 1927[201], de los 10 millones de hectáreas que aproximadamente correspondían a los territorios habitados por el Pueblo Mapuche, el Estado les "regaló" cerca de 500 mil hectáreas mediante los títulos que hemos estado hablando[202]. Podríamos decir que este es un tercer modo de apropiación de territorio mapuche, que es tan legal como ilegítimo.

Hay que mencionar que la reducción territorial mediante títulos de merced tuvo un impacto feroz para el Pueblo Mapuche: los condenó a la pobreza debido el uso intensivo de pequeñas porciones de tierra, que al ser repartidas entre los hijos acabó en minifundio[203]; la imprecisión en la delimitación de los títulos de merced fue motivo para múltiples abusos por parte de particulares que adquirieron tierras vía remates[204]; impuso una organización ajena a las mismas comunidades y no respetó las autoridades existentes, destrozando el entramado socio-cultural y económico y rompiendo las solidaridades internas existentes[205] que sustentaban el Buen Con-Vivir.

Tras este recorrido es posible aquilatar la violencia y daño ocasionado mediante los títulos de merced. Pues bien, imagine ahora los aproximadamente 30.000 mapuche que ni

---

[200] Correa *et al.* (2005: 48).

[201] Correa *et al.* (2005: 52).

[202] Bengoa (1999: 61).

[203] Bengoa (1999: 64).

[204] Bengoa (1999: 68).

[205] Bengoa (1999: 45-55).

siquiera fueron radicados[206], es decir, que no se les reconoció ninguna propiedad. Estos pasaron de un día para otro a vivir en tierras ajenas, pues la legislación chilena reconocía el título de propiedad de aquellas tierras ancestrales, ya sea al Estado o a quien la hubiese adquirido vía remate o colonización. Otro modo legal e ilegítimo de apropiación de tierras que habita en la memoria mapuche.

¿Y ha escuchado usted esa expresión "llover sobre mojado"? Bueno, algo así deben haber experimentado las numerosas comunidades mapuche que luego de ser reducidas por aquellos miserables títulos, a finales de la década de 1930 lo habían perdido ilegalmente a manos de no mapuche. Imagine que para esas fechas se calcula en un quinto —sí, un quinto— las posesiones mapuche perdidas por medio de la usurpación de las tierras reduccionales[207]. Esta vez, es una usurpación tanto ilegal como ilegítima. De hecho, generalmente estamos hablando de esta usurpación, la de los títulos de merced, y se cae en el malentendido de identificar la demanda territorial mapuche con la restitución de los títulos de merced. Como hemos visto en este recorrido, es evidente que la demanda supera a los títulos de merced y, efectivamente, nos pone como sociedad política ante un desafío bastante más complejo que exige procesos a la altura de tales desafíos.

La historia de una ocupación pacífica o cesión voluntaria de las tierras por parte de los mapuche al Estado forma parte de aquello que debemos desaprender, como también aquella idea que recién hoy el Pueblo Mapuche reclama por estas injusticias. Lo cierto es que desde un inicio y sostenidamente en el tiempo han levantado la voz —sin mucho éxito hay que

---

[206] Correa *et al.* (2005: 52).

[207] Comisión Verdad Histórica y Nuevo Trato con los Pueblos Indígenas (2008).

reconocer— para reclamar justicia[208]. Piense que solo hace un par de décadas murieron los últimos mapuche que nacieron en *Wallmapu* libre e independiente, previo a la invasión chilena de la segunda mitad del siglo XIX. Es decir, los padres de mapuche aún vivos nacieron en un territorio con una tradición de más de ocho siglos de libertad y autonomía. Nosotros tenemos dos siglos, e imagine lo que dolería perderla.

En fin, el asunto es notar que hay distintos procesos que complejizan la propiedad de la tierra en *Wallmapu*, y que, por cierto, van mucho más allá de los títulos de merced, los cuales también están impugnados en su legitimidad. A partir de la década de 1930 estos comienzan a ser el centro de las discusiones, pues el Estado no es capaz de garantizar ni siquiera la propiedad de la tierra a la que redujo a los mapuche, y estos la comienzan a perder en base a fraudes de no mapuche. Un caso significativo, que no abordaremos aquí pues está desarrollado específicamente en un artículo de este libro[209], es la constitución de la propiedad forestal en territorio mapuche, especialmente en la provincia de Arauco[210].

Bueno, pero usted se preguntará: ¿entonces quieren recuperar todo el territorio y expulsar a los chilenos al sur del Biobío o no? Como sugerimos al inicio de esta conversación, primero debíamos desaprender/aprender, para luego retomar las mismas preguntas. Pues bien, ahora conversemos sobre la pregunta.

---

[208] La implantación de los títulos de merced "desencadenó la resistencia mapuche, toda vez que ese sistema [la reducción mediante títulos de merced] no reconoció su territorio ancestral y rompió su antigua comunidad, equiparando *lonkos* —jefes— y *konas* —guerreros— en la posesión de las tierras" (Comisión Verdad Histórica y Nuevo Trato con los Pueblos Indígenas 2008: 391).

[209] Ver Mito 4: "Las forestales que están allá son la tercera industria productiva del país ¿y todavía les molesta?".

[210] Ver libro Pu lov y comunidades lavkenche en resistencia (2017).

Evidentemente nosotros no tenemos la respuesta ni nos correspondería tampoco intentar una. Básicamente, porque los mismos actores políticos mapuche, a través de sus organizaciones se han pronunciado al respecto. Por ejemplo, Héctor Llaitul, vocero de la Coordinadora Arauco Malleco (CAM), ha señalado que "las orientaciones de la CAM no consideran una línea de acción contra parceleros menores y menos contra campesinos pobres, muchos de los cuales quedaron situados entre comunidades durante la Reforma Agraria"[211]. Otro líder político mapuche, como José Huenchunao, de los Lov en Resistencia, ha sido enfático al respecto: "Nosotros no estamos planteando que se nos devuelvan las 10 millones de hectáreas; lo que nosotros hoy día estamos planteando es que a las comunidades mapuche se les garantice un espacio territorial para que se desarrolle la cultura, la vida mapuche. Lo que queremos es que no muera nuestro pueblo mapuche"[212].

Efectivamente ninguno de los dos personajes políticos mapuche son representantes del Pueblo Mapuche ni del movimiento o de agrupaciones mapuche, pero sí expresan algo que es fácil de experimentar para la gran mayoría de no mapuche que habitamos en este territorio, y es que no existe una amenaza de expulsión ni mucho menos una animadversión nacionalista por parte de los mapuche ni de sus organizaciones políticas. Más bien, se logra percibir la milenaria sabiduría de la conversación y la hospitalidad, la cual no evade por supuesto las discusiones y posturas políticas.

---

[211] Llaitul y Arrate (2012: 293).

[212] Reportaje "José Huenchunao, Latidos del Bíobio" del Departamento de prensa TVU de la Universidad de Concepción (2007). Disponible en: https://www.youtube.com/watch?v=GNDDWCjTacI Web consultada en 30-06-2018.

Ahora bien, cabría preguntarse entonces ¿de dónde surgió la idea de la expulsión de todos los chilenos del Biobío al sur? Tampoco nos corresponde dar esta respuesta, sin embargo, nos parece que la pregunta nos obliga a usted y a nosotros a hacer un examen crítico de nuestras fuentes de información.

Existe un problema territorial serio en territorio mapuche. Este se origina por un actuar violento e injusto del Estado chileno. Las recuperaciones territoriales continuarán en *Wallmapu*, no cabe duda al respecto. A nuestro juicio, nos parece legítimo luchar por la restitución del derecho a territorio[213], pues es parte de lo que constituye a un pueblo. Sin embargo, nos parece que mientras este proceso no se encause políticamente, corre el riesgo de acometer injusticias y exacerbar las violencias en un territorio ya bastante tensionado. La ausencia mediante continuas evasivas de los diversos gobiernos para abordar la reestructuración de la propiedad en *Wallmapu* ha sido quizás el origen de las mayores y múltiples violencias que durante el siglo XXI han azotado a este territorio y todos quienes habitamos en él.

Nos parece que es un deber moral y político del Estado iniciar cuanto antes un proceso, que desde el inicio sea diseñado junto a líderes mapuche de diversas comunidades y organizaciones, para abordar seriamente una reforma de la propiedad en *Wallmapu* que haga justicia a la historia. Se requiere un proceso de varios años tan solo para generar las confianzas; se necesita valentía para efectivamente estar dis-

---

[213] Para un pueblo al que no solo le importa la tierra, sino todo lo que la rodea y compone, material y espiritualmente (aire, subsuelo, paisaje, agua, *püllu*, *ngen*, *lawen*, *menoko*, etc.) el despojo de su territorio es un acontecimiento crítico. Esto no tiene que ver únicamente con la dimensión productiva y el bienestar económico, sino con la vida y los cimientos que la sustentan y revitalizan, pues tal como lo define la OIT en su Convenio N° 169, el territorio indígena refiere a lo que habita y cubre la totalidad de las regiones pobladas por los pueblos originarios, y aquello es tanto lo material como es espiritual y simbólico/social.

puestos a asumir el costo de un proceso de redefinición de la propiedad. Urge un compromiso de Estado a largo plazo. La solución no será ni mapuche ni chilena: será el fruto del entendimiento justo, simétrico y políticamente fraterno.

Mito 10

"Los mapuche tienen botadas las tierras que se les dan"

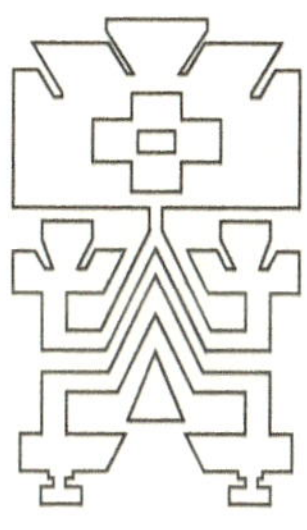

"No se les puede restituir el territorio si no sabe trabajar ni hacer producir la tierra". ¡Esto sí lo debe haber escuchado! Definitivamente, es un clásico: "Pelean por tierras, y cuando se las dan, las dejan botadas, sin uso, sin producir". Esta frase encuentra terreno fértil en los prejuicios racistas que venimos revisando[214]. Y precisamente políticos y empresarios, usan esta impresión para oponerse a la restitución del territorio usurpado al Pueblo Mapuche.

---

[214] Ver Mito 7: "Los mapuche son violentos, intolerantes de la cultura chilena y anti-democráticos".

Este prejuicio de las tierras desaprovechadas e incluso deshabitadas ha sido usado de tanto en tanto en nuestra historia para justificar acciones y políticas injustas contra el Pueblo Mapuche, como la invasión chilena a territorio mapuche, mal llamada "Pacificación de la Araucanía"[215]. Así lo demuestran históricamente las diversas campañas político-comunicacionales para validar la apropiación de tierra mapuche. Por ejemplo, *El Mercurio de Valparaíso* (01-11-1960): "La razón de someter y exterminar a los indígenas proviene del provecho y conveniencia pública que resultaría el apoderarse de los vastos y ricos territorios de la Araucanía"; o el debate parlamentario entre 1864 y 1868 en que se expresa esta "ideología de la ocupación"[216] donde influyentes intelectuales y políticos como Vicuña Mackenna hacían eco de este proyecto expansionista, defendiendo la necesidad de civilizar y aprovechar productivamente el territorio mapuche[217].

Historia de otros tiempos, podrá pensar. Sin embargo, actualmente existen las mismas campañas que obstinadamente intentan legitimar la usurpación e invalidar las demandas mapuche por derecho a territorio. Veamos a qué nos referimos.

Por ejemplo, entre la élite empresarial abundan comentarios que van desde la resistencia liberal al colectivismo, hasta visiones libremercadistas que desvinculan la idea de territorio de quienes lo habitan: "Un campo con un dueño bien definido es claramente más productivo que uno comunitario, que le pertenece a todos, pero a la vez no le pertenece a nadie", señala Mirtha Casas, asistente social y asesora en

---

[215] Bengoa (1999: 49).

[216] Ver Pinto (2002: 329-357).

[217] Se recomienda revisar discurso de Vicuña Mackenna ante la Cámara de Diputados del Congreso Nacional el 10 de agosto de 1968.

materias indígenas de la Multigremial de La Araucanía[218]. O bien, "Cualquier modelo de negocio que permita a los propietarios de tierras ingresar en el mercado formal, lo entendemos como un camino hacia la inserción en el modelo económico actual", como señala Andreas Köbrich, secretario general de la Sociedad de Fomento Agrícola de Temuco[219]. Los medios de comunicación tradicionales no escapan a esta visión:

> Las tierras entregadas no son muy productivas, la tecnología agrícola usada es precaria, y la reproducción de las familias disminuye indefectiblemente el área disponible per cápita. A la larga, la permanente entrega de tierras como tal no es una solución, y solo perpetúa su demanda, eternizando el conflicto y manteniendo una tensión social castrante[220].

En esta misma línea se pueden comprender las palabras del presidente de la Sofofa en *El Mercurio* del 2014: "Gran parte de la violencia rural se origina por la entrega indiscriminada de tierras productivas por parte de la Conadi, que después no la trabajan"[221]. Como podrá ver, el conflicto entre Pueblo Mapuche, Estado chileno e industrias, no nació ayer, sino

---

[218] Ver "A 20 años del primer traspaso de tierras, 88% de los mapuches [sic] prefiere que predios se asignen a la familia y no a la comunidad", *El Mercurio* 29-09-2014, disponible en http://www.revistaei.cl/2014/09/29/20-anos-del-primer-traspaso-de-tierras-88-de-los-mapuches-prefiere-que-predios-se-asignen-la-familia-y-la-comunidad/. Web consultada en 27-05-2018.

[219] *Ibídem.*

[220] Ver "Reclamaciones de tierras", *El Mercurio* 14-02-2017, disponible en http://www.elmercurio.com/blogs/2017/02/14/48846/Reclamaciones-de-tierras.aspx. Web consultada en 25-05-2018.

[221] Ver "Gremios evalúan los primeros cien días del gobierno en el agro y plantean desafíos", Revista *Campo*, *El Mercurio*, 22/06/14, disponible en http://impresa.elmercurio.com/Pages/NewsDetail.aspx?dt=23-06-2014%200:00:00&NewsID=304138&dtB=19-10-2017%200:00:00&BodyID=0&PaginaId=118&SupplementId=6. Web consultada 28-05-2018.

que se viene arrastrando desde más de un siglo. Entiéndase, más de un siglo de reclamos mapuche vía institucional para obtener retazos de tierra y nada de territorio; mientras que quienes son impugnados, continúan usufructuando de las tierras.

Hoy la mayor parte del conflicto en Arauco y Malleco se concentra en predios de Forestal Mininco, aquella empresa que se niega a dialogar con las comunidades y a negociar con el gobierno sobre venta de tierras para comunidades mapuche. Uno de sus argumentos es justamente la supuesta improductividad de los predios en manos de comunidades mapuche. Eliodoro Matte, patriarca del histórico clan de La Papelera, suele argumentar que como los mapuche no saben explotar la tierra como ellos, plantando eficientemente el pino y el eucaliptus, no vale la pena devolverles las tierra. En el año 2014 se lo hacía ver al entonces intendente de la Araucanía Francisco Huenchumilla:

> Acá en Chile, yo soy presidente de CMPC, Mininco, que es el principal tenedor de tierras en La Araucanía, hemos vendido tierras, presionados por la Conadi, hemos vendido dos campos importantes, que eran terrenos forestales de primer nivel, el fundo Alaska y el fundo Santa Rosa de Colpi y hoy día están botados[222].

---

[222] *La Tercera*, 22-10-2017. En el contexto de esta venta, a comienzo del Siglo XXI en Temulemu, fue que el mismo Eliodoro Matte le pidió públicamente al presidente Ricardo Lagos que iniciara un plan de inteligencia policial para controlar a los mapuche que los estaban obligado a irse del territorio. Poco después Lagos iniciaba el efectivo Plan Paciencia contra el movimiento mapuche, y luego Mininco nunca más dialogaría ni con la comunidad ni con la Conadi la venta de un predio. Hoy, como se explica en el capítulo sobre la industria forestal, la mayor parte de los recursos policiales en la Provincia de Arauco se destinan a resguardar específicamente las faenas de aquella empresa maderera.

Comprender un territorio como fuente de recursos para generar bienestar no es una estupidez, obviamente. Pero comprenderlo exclusivamente como recurso a explotar y mercantilizar, no solo nos tiene instalados en la actual crisis medioambiental, sino también nos ha significado encerrarnos en una estrechez mono-comprensiva, despreciando otras sabidurías y comprensiones más sanas y armónicas. Las políticas públicas históricamente han mirado el tema tierras desde una perspectiva poco pertinente y, desde la lógica del mercado, todo es un "recurso" productivo. Hubo, en particular desde la contrarreforma agraria, políticas públicas que para hacerlas más productivas, propusieron la división y titulación particular de las tierras. En esta perspectiva, se buscaba asegurar un buen uso de la tierra, a costa de la destrucción de los enlaces comunitarios y la relación respetuosa que el Pueblo Mapuche procura con su *Ñuke Mapu*, su Madre Tierra. Este giro paradigmático tiene consecuencias profundas, pues en última instancia, la lógica de la propiedad privada de la tierra degrada el entramado comunitario del Pueblo Mapuche y abre paso a la lógica del mercado en la distribución del territorio.

Pero, ¿están botadas o no las tierras recuperadas? Si bien hay situaciones donde las tierras no son óptimamente usadas por personas menos laboriosas que otras[223], la explicación requiere una mirada diferente que los no mapuche y muchos políticos nos cuesta lograr. La tierra recuperada es tierra intensamente explotada forestalmente, por lo que requiere descansar. Cualquier campesino sabe que para sembrar la tierra debe recuperarse y ganar fuerzas. Esas tierras pueden parecer entonces sin uso, botadas, pero no; están siendo "usadas"

---

[223] Como sucede en toda comunidad humana, y no exclusivamente en el Pueblo Mapuche.

para luego sembrar o, sencillamente, dejarlas para que se recupere la flora nativa y así, por ejemplo, recuperar cuencas de agua. Hay tierras que se dejan descansar para que se fortalezcan los espacios naturales y sagrados como *menoko* (humedal) o *trayenko* (caídas de agua); espacios de recolección donde muchas familias interactúan con la *Ñuke Mapu* recogiendo sus frutos que en su sabiduría ha sabido hacer crecer. La sabiduría mapuche no reduce el ecosistema a una funcionalidad meramente productiva.

Puede parecer extraño lo anterior, pero ¿consideraría usted tierras botadas Tantauco de Piñera, con más de 118.000 hectáreas; o Pumalin de Tompkins con más de 325.000 hectáreas? La suma de ambos parques equivale prácticamente a la mitad de todo territorio del que hoy dispone el Pueblo Mapuche. Estos grandes espacios territoriales que han sido comprados y avalados por el Estado en su propiedad particular, estarían en la lógica que se usa con las tierras recuperadas mapuche como "botadas", sin trabajar. Incluso podríamos decir que hay muchos terrenos y no tan pequeños que sirven de vacaciones para muchos chilenos y que durante la mayor parte del año están sin uso, "botados", podríamos decir. En este sentido el rechazo a la restitución territorial al Pueblo Mapuche bajo el argumento de la "improductividad" parece injusto y mañoso, sobre todo si además asumimos como legítimo que existan territorios particulares de tal extensión, no productivos, como Tantauco y Pumalín.

Paradojalmente, se permite a particulares la compra de extensos territorios sin ver allí una amenaza a la soberanía del país, pero al Pueblo Mapuche que ha demandado históricamente la propiedad colectiva de la tierra, se le ve como una amenaza. Parece un simple tema de dinero. Pero, ¿si el Pueblo Mapuche tuviese el dinero suficiente, el Estado y el mercado chileno se lo permitiría tal como a Tompkins y a Piñera? Quién sabe... pero sí es claro que se escucharían argumentos tanto o más prejuiciosos que los de la "improductividad", pues nuestros esquemas mentales, principalmente el racismo que tenemos incubado como sociedad, no nos deja ver con total claridad.

El territorio ya recuperado, mirado desde la sabiduría mapuche (*kimün*), nos invita a comprender la tierra no como un recurso, una cosa, sino como un ser o, al menos, un sistema integrado de seres[224]. Es un gran "organismo" con el cual las personas y comunidades se relacionan recíprocamente. Este *kimün* es el horizonte y la esperanza hacia donde el mapuche quiere caminar en tiempos de fragilidad y riesgo medioambiental. Desde esa profunda mirada, la tierra no es un recurso, sino un sistema vivo con el cual nos relacionamos recíprocamente. Es la *Ñuke Mapu* la que sustenta la vida, la cultura y la espiritualidad. Mientras la impaciente mirada de un citadino no mapuche puede ver tierras ineficientemente usadas, la mirada paciente y a largo plazo del mapuche ve allí una reparación, una recuperación del territorio en el amplio sentido de la palabra. La mirada mapuche sabe esperar, dejar que la tierra recobre vida y energías, dejar que se purifique, incluso espiritualmente de la explotación intensiva perpetrada por las grandes empresas. Se le pide permiso a la tierra, porque los mapuche saben que nadie es dueño. En esta mirada hay un modo de relacionarse con el entorno del cual podemos aprender todos, que va más allá del hegemónico utilitarismo. Y no se trata solo de espiritualidad, sino de un profundo realismo que asume que la vida es una total interdependencia, donde

---

[224] Ver artículo Soto y Rojas Pedemonte (2016). Resumen disponible en https://territorioenconflicto.jesuitas.cl/kume-mongen-el-buen-con-mapuche-como-reserva-de-sabiduria-para-un-desarrollo-alternativo/ Web consultada en 27-05-2018.

todos sufrimos finalmente los impactos de los desequilibrios o daños provocados en nuestro entorno socioambiental.

Esperamos que después de este recorrido pueda notar el prejuicio que hay detrás del mito que acabamos de discutir. Más aún, esperamos que también note la tremenda soberbia cultural desde donde sostenemos tales prejuicios, pues si la actual crisis medioambiental que atraviesa el mundo ha de buscar un responsable, no cabe duda que lo encontraría en el desarrollo desbocado del extractivismo que ha estrujado a la naturaleza como un mero recurso productivo. Y justamente, cuando se buscan las alternativas a la actual crisis, si hay un lugar donde se dirigen las miradas, es hacia los pueblos indígenas esparcidos por el mundo y su sabiduría para relacionarse con la naturaleza desde un paradigma cultural y eco-sistémico más sano y sustentable.

Mito 11

"Los mapuche no son capaces de ponerse de acuerdo y pretenden dirigirse solos"

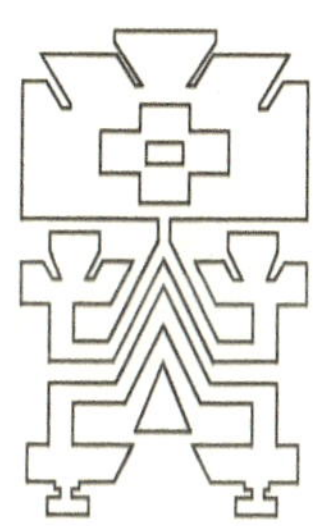

Entre los muchos prejuicios respecto al Pueblo Mapuche, las demandas por autonomía/autodeterminación parece ser un lugar desde donde surgen todo tipo de fantasmas y otros especímenes terroríficos que amenazan el fin de la dorada unidad nacional. Frases tales como: "Si se dirigieran solos acabarían aún más pobres", "sería irresponsable darle esas atribuciones a gente culturalmente subdesarrollada", "partirían el país en dos", "no se le puede dar autonomía a los mapuche si no saben ponerse de acuerdo entre ellos", o "son guerreros por naturaleza, no saben de gobernar en periodos de paz", son algunas de las genialidades brutales —racismo naturalizado— que se escuchan. Lo invitamos a acercarnos desde otra perspectiva que nos ayude a desaprender/aprender elementos que al final del camino nos permita incentivar un diálogo más profundo que los simplistas eslóganes sobre la materia.

Ayudará a nuestro recorrido traer a la memoria lo visto en el segundo y tercer mito abordados en este libro, recordémoslo en un par de párrafos. Partamos por recapitular que la cultura mapuche, luego de 500 años de conformación, pasó aproximadamente 880 años de vida autónoma generando las distintas mediaciones socio-económicas, políticas y religiosas según su tiempo y contexto. Solo acabó esta autonomía luego de la invasión del Estado chileno que concluyó en 1883. Estos antecedentes al menos nos permiten comprender que la autonomía/autodeterminación del Pueblo Mapuche no es un invento de última hora, una astuta creación política, sino parte de la memoria histórica. Es verdad que para quienes somos chilenos puede parecer sospechoso que se reclame algo perdido[225] hace 130 años aproximadamente, pues parece mucho tiempo para quienes tenemos una vida de poco más de dos siglos. Sin embargo, para una cultura como la del Pueblo Mapuche que existe hace más de un milenio, es un acontecimiento reciente, completamente vivo y vitalmente necesario de remediar.

Sucede que más de ocho siglos de vida autónoma no convencen a todos sobre la real capacidad de autodeterminarse del Pueblo Mapuche. Increíble, ¿no? Claro, la economía es un traje que les quedará grande —pensarán algunos— de ahí vendrá la pobreza y el caos social. Al respecto, convendría notar que el periodo de mayor pobreza y miseria que ha padecido el Pueblo Mapuche ha sido bajo la tutela del Estado chileno, sus programas de desarrollo y economistas formados en distinguidas universidades del mundo occidental.

---

[225] Más adelante veremos que tampoco es cierto que se haya perdido, pues la autonomía ha continuado sobreviviendo como práctica, aunque frágilmente, tal continuidad es la que ha permitido la sobrevivencia del Pueblo Mapuche.

Seguramente, quienes construyen represas y desertifican sus territorios con la industria forestal, también estudiaron en estos grandes polos del conocimiento y desarrollo[226].

Sin embargo, ¿ha considerado que en su periodo de autonomía/autodeterminación antes de la llegada de los invasores españoles, el Pueblo Mapuche vivía sin escasez[227]; que durante la colonia, las crónicas que hacen de ellos hablan de una sociedad de la abundancia[228]? Efectivamente, entre el siglo XVIII y XIX, y hasta la invasión chilena, fueron conocidos por su cuantioso ganado y grandes comidas[229], también por la abundancia de trigo, que duró hasta los primeros años de vida reduccional[230], antes de que se agotaran las pocas hectáreas a las que fueron confinados. Mirado desde esta perspectiva, parecen haber solucionado bastante bien el problema económico desde sus propios conocimientos y ejerciendo su autonomía/autodeterminación.

Para comprender el empobrecimiento en que vive el Pueblo Mapuche hoy, más bien habría que mirar hacia la invasión chilena que acaba en 1883[231], tras cerca de 15 años de resistencia mapuche. La invasión luego es sucedida por casi 40 años de políticas de Estado para reducirlos territorialmente, cercenando sus sistemas socio-económico, políticos y religiosos,

---

[226] No es la intención de estas palabras menospreciar el aporte tanto de los centros universitarios ni de quienes se han formado en ellos (como nosotros mismos) sino poner de relieve la soberbia con que asumimos culturalmente que nuestros saberes son superiores a los de otra cultura, especialmente si esta es indígena —como la mapuche—, no asumiendo nuestros límites y daños ocasionados.

[227] Comisión Verdad Histórica y Nuevo Trato con los Pueblos Indígenas (2008: 329).

[228] Comisión Verdad Histórica y Nuevo Trato con los Pueblos Indígenas (2008: 323).

[229] Bengoa (1999: 79).

[230] Bengoa (1999: 80).

[231] Esta consistió en "...quemar sus ranchos, tomarles sus familias, arrebatarles sus ganados i destruir en una palabra todo lo que no se les puede quitar...". Comisión Verdad Histórica y Nuevo Trato con los Pueblos Indígenas (2008: 359).

dejándolos expuestos a toda clase de atropellos y robos[232]; continuada por 10 años más de políticas que buscaron disolver la identidad mapuche en el mestizo chileno[233]. Finalmente, habría que ver cómo las industrias forestales[234], hidroeléctricas y mineras, se han quedado con las riquezas de estos territorios, en los que siempre vivieron sin escasez los miembros del Pueblo Mapuche mientras tuvieron autonomía y territorio. Culpar de la pobreza en estos territorios al mapuche por flojo, borracho o ignorante, sencillamente es una violencia racista que deberíamos extirpar[235].

Es verdad que todavía algunos objetan la autonomía/autodeterminación debido a la falta de representante general en el mundo mapuche. Extrañamente, parece olvidarse que el Pueblo Mapuche fue el único que logró encausar la guerra por el camino del diálogo con los invasores españoles ¿No fue este acaso un ejercicio donde se articuló la representación mapuche a su modo? La lógica racista de no reconocimiento nos lleva a poner continuamente el motivo del desperfecto en el mapuche. Pues bien, podríamos preguntarnos respecto a los representantes mapuche ¿qué efecto han tenido las políticas de despojo y homogenización descritas arriba, y la orgánica occidental impuesta para que se organicen las comunidades mapuche y sus liderazgos? Claro, cuando hablamos de representantes mapuche, ¿hablamos de los que se pueden escoger según los mecanismos que les impongamos

---

[232] Comisión Verdad Histórica y Nuevo Trato con los Pueblos Indígenas (2008: 390-394).

[233] Ver Mito 3: "Los mapuche le protestan a Chile porque ya no les pueden reclamar a los españoles que los colonizaron".

[234] Ver Mito 4: "Las forestales que están allá son la tercera industria productiva del país, ¿y todavía les molesta?".

[235] Ver Mito 7: "Los mapuche son violentos, intolerantes de la cultura chilena y antidemocráticos".

nosotros, o sobre cómo empoderar al Pueblo Mapuche para que encuentre el modo de levantar, validar y articular su modo de representatividad e instituciones? Sospecha usted cual ha sido la apuesta ¿verdad? Entonces también notará la falacia respecto a la falta de "un" representante mapuche.

Otros afirman más tajantemente que los mapuche son raza guerrera, que lo suyo no es gobernar. Esto a la luz de casi un milenio de vida autónoma constituye derechamente un insulto. Sobre todo viniendo de un pueblo que recién lleva dos siglos de vida, un par de guerras con sus vecinos, una guerra civil y varias dictaduras. Podríamos sumar los casos de corrupción y concentración económica, como para de verdad preguntarnos si somos autoridad en la materia. En fin, más bien parece interesante fijar nuestra atención en otro punto para continuar el proceso de desaprender/aprender.

El Pueblo Mapuche, más que pueblo guerrero, ha sido un pueblo del *koyangtun* —el arte de lograr acuerdos—, del *nütram* —la conversación— y la paz. Claro, hasta la llegada del imperio invasor europeo pasaron aproximadamente 500 años de paz, luego a la llegada de estos, siguieron unos 100 años de guerra provocados por los europeos, que finalmente fueron encausados en parlamentos (o tratados) que se realizaron entre 1641-1801, siendo continuados con la nueva República chilena hasta 1825. O sea, hablamos de casi 200 años de tratados diplomáticos. Incluso, antes de la invasión chilena, el 13 de mayo de 1861, el líder mapuche *Mañilwenu*, fiel a la tradición de diálogo del Pueblo Mapuche, escribe al presidente Montt para pactar la paz y no llegar a la guerra[236]. Lamentablemente esta tradición del diálogo y la paz no estaba muy arraigada en nuestra corta tradición.

---

[236] Cayuqueo (2017: 209).

Todavía después de haber sido despojados territorialmente y sometidos a toda suerte de fraudes y robos bajo la complicidad estatal, no tardaron en crear organizaciones con estructuras occidentales —para que los pudiéramos entender— y así reclamar las injusticias que se les infringían. Es que ocho siglos de vida autónoma y tradiciones no mueren de un día para otro. En 1910 se funda la Sociedad Caupolicán Defensora de La Araucanía, la primera de varias organizaciones que llegan hasta hoy, abocadas a buscar solución mediante el diálogo. De este modo, es extraño que a partir de 100 años de guerra con los invasores españoles y quince de resistencia ante los chilenos, se les mire como un pueblo guerrero; y no se considere que durante ocho siglos han sido un pueblo de paz y de una increíble habilidad para el diálogo, especialmente, en situaciones de conflicto.

Si este caminar no ha acabado con los fantasmas sobre la capacidad de autonomía/autodeterminación, quizás convenga visitar el derecho internacional y sus instrumentos en lo que respecta a este derecho. Si bien, el derecho internacional también nació racista[237], con el tiempo fue madurando y cambió el paradigma. Primero en 1989, mediante el Convenio N° 169 de la OIT que, en su preámbulo, entrega el marco interpretativo de todo el documento, afirmando: "Reconociendo las aspiraciones de esos pueblos a asumir el control de sus propias instituciones y formas de vida y de su desarrollo económico y a mantener y fortalecer sus identidades, lenguas y religiones, dentro del marco de los Estados en que viven".

---

[237] Es decir, era incapaz de tratar a los pueblos indígenas como un igual de los otros pueblos (inglés, francés, italiano, estadounidense, etc.). El derecho a la libre determinación de los pueblos consagrada en la Carta de las Naciones Unidas, en 1945 y ratificada posteriormente por diversos pactos, estaba pensado en los pueblos africanos en proceso de descolonización (Meza-Lopehandía, 2009: 12).

Otro paso significativo lo dio la ONU, el año 2007, con la Declaración de los Derechos de los Pueblos Indígenas. Aquí el tema de la autonomía es explícito dentro de uno de sus artículos[238], pero en general atraviesa toda la Declaración. Podemos descartar entonces que la demanda por el derecho de autonomía/autodeterminación sea una invención *"made in Chile"* y traspasada a los mapuche, o bien, una ingeniosa y oportunista idea mapuche para hacerse de riquezas ajenas. Más bien, podemos afirmar que la demanda de autonomía/autodeterminación está en la misma sintonía que los instrumentos internacionales en que ha decantado la reflexión respecto a la relación entre los estados modernos y los pueblos indígenas.

Claro, todavía se podría decir que esta idea de la autonomía no es del Pueblo Mapuche, sino de organizaciones mapuche extremistas e ideologizadas[239], que en nada representan el sentir de su pueblo. Sin embargo, continuar sosteniendo esto, después de los resultados del Proceso Participativo Constituyente Indígena[240] finalizado el año 2017, resulta muy difícil. Este proceso propuesto por el Estado chileno fue objetado por todos las organizaciones autonomistas mapuche, de modo que aquellos calificados de "extremistas" e "ideologizados", difícilmente participaron en dicho proceso. Más bien, quienes participaron fueron mapuche dispuestos a validar las vías

---

[238] Los pueblos indígenas, en ejercicio de su derecho de libre determinación, tienen derecho a la autonomía o el autogobierno en las cuestiones relacionadas con sus asuntos internos y locales, así como a disponer de los medios para financiar sus funciones autónomas" (artículo 4).

[239] Ver Mito 6: "Las demandas políticas mapuche son de grupos minoritarios y extremistas".

[240] Informe disponible en http://www.constituyenteindigena.cl/wp-content/uploads/2017/05/Sistematizacion_Proceso_PCI.pdf Web consultada en 30-11-2017. También algunas reflexiones nuestras al respecto están disponible en https://territorioenconflicto.jesuitas.cl/etiquetas/proceso-constituyente-indigena/ Web consultada en 27-05-2018.

institucionales, "moderados" les dirán algunos. Participaron 17.000 personas pertenecientes a los distintos pueblos indígenas con quienes compartimos territorio, con clara mayoría mapuche. Es el proceso, por lejos, de mayor participación indígena que se ha realizado en el país. El resultado: se demanda al Estado plurinacionalidad, autonomía/autodeterminación, territorialidad y reconocimiento constitucional, entre varios derechos más. Así pues, la demanda por el derecho de autonomía/autodeterminación es claramente generalizada.

Finalmente, nos gustaría acabar este breve recorrido, afinando la mirada. Efectivamente, la demanda por derecho a autonomía/autodeterminación que surge desde el Pueblo Mapuche hacia el Estado chileno está amparada en el derecho e instrumentos internacionales que la avalan, como también lo hacen múltiples investigaciones históricas llevadas adelante por mapuche y no mapuche. Sin embargo, la demanda por derecho a la autonomía/autodeterminación no encuentra su fuente ni fuerza ahí.

Lo cierto es que el Pueblo Mapuche continúa ejerciendo su autonomía/autodeterminación, pues una práctica milenaria no se acaba al final de un día. Lo hace a través de organizaciones políticas que han optado por el control territorial, por establecer su cultura como configurador de las relaciones comunitarias y con la naturaleza, cuidándola y también desarrollando un proyecto de vida colectivo. También la autonomía/autodeterminación se sigue practicando en la cotidianidad de este pueblo, que continúa asistiendo a sus *machi*, realizando su *nguillatun* sin ayuda externa, realizando *mingako*, construyendo soberanía alimentaria, cultivando el arte del telar y la platería, transmitiendo su idioma, etc. No es un discurso la autonomía; es una práctica arraigada durante cientos de años, y, aunque se piense extinta, sigue su marcha expresada en múltiples formas de resistencia y creatividad que poco a poco van entretejiendo y fortaleciendo la lucha por reivindicar sus derechos.

Mito 12

"El Movimiento Mapuche ha traído la violencia, que nada tiene que ver con las demandas del Pueblo Mapuche"

No hay ninguna señal para devolvernos la tierra a nosotros, todo lo contrario quiere el Estado... reprimirnos, aplicando Ley Antiterrorista, aumentando la cantidad de carabineros en la zona, aumentando la violencia y la represión. Ellos piensan que con la represión se va a terminar el conflicto, pero no se dan cuenta de que mientras más carabineros, se crea más violencia. Si ellos traen violencia, bueno, van a recibir violencia. Aquí la gente no le tiene miedo a carabineros. Ellos tienen que sacarse de la cabeza que nos van a atemorizar. Sabemos cómo es nuestra gente... enojándose no hay caso. Si nos van a meter miedo con los pacos, no, olvídense... Si no le tenemos miedo a los pacos... por eso está tan dura la lucha[241].

---

[241] Joven dirigente mapuche de Tirúa entrevistado en Rojas Pedemonte y Miranda (2016).

En agosto del año 2015, el intendente de la Araucanía, Francisco Huenchumilla, fue destituido luego de proponer una salida política y no policial al conflicto territorial en la región. Su reemplazante no parecía representar un giro ideológico drástico: coincidían en muchos aspectos —también era demócrata-cristiano— salvo que no era mapuche y contaba con un doctorado en Ciencia Política en Alemania. Andrés Jouanette, el nuevo intendente, decía tener experiencia de trabajo con el Pueblo Mapuche, en particular, con aquellos mapuche pacíficos y democráticos. A poco andar se comenzaron a explicitar las divergencias con la gestión anterior. En mayo del año siguiente, el nuevo Intendente de La Araucanía negaba la existencia del Pueblo Mapuche, argumentando que todos en Chile son mapuche y que todos los mapuche son chilenos[242]. Este hito político en la Región de La Araucanía no es una simple anécdota, sino altamente ilustrativo de un sustrato ideológico cultural que neutraliza las posibilidades de superación del conflicto territorial. Naturalmente podríamos pensar que por ser parte del mismo partido los dos verían el conflicto de manera similar, pero no: pertenecer o no al Pueblo Mapuche parecer no dar lo mismo, incluso cuando se ocupan puestos de poder. ¿Es que acaso como país hemos trazado murallas culturales a veces invisibles, pero infranqueables? La experiencia histórica nos hace pensar que así es.

No parece casual que Chile haya tardado 20 años en ratificar el convenio N° 169 de la OIT que consagra el derecho a participación y consulta de los pueblos indígenas y que, junto con Uruguay, sea el único país del continente que no

---

[242] Ver "Intendente de La Araucanía: 'Yo no reconozco ninguna reivindicación territorial'" en Cooperativa, 30-05-2016, disponible en http://www.cooperativa.cl/noticias/pais/pueblos-originarios/mapuche/intendente-de-la-araucania-yo-no-reconozco-ninguna-reivindicacion/2016-05-30/165551.html. Web consultada en 30-05-2018.

los reconoce constitucionalmente. Como apunta el periodista Pedro Cayuqueo, Chile sigue asumiendo que todos sus habitantes se bajaron desde barcos europeos. O directamente, se podría sostener, como insinúa Patricia Richards (2013), que Chile es tan violentamente racista, que a diferencia de otros países que asumen simbólicamente su origen, ya sea mestizo como México, indígena como Bolivia o europeo como Argentina, no asume ni tematiza su diversidad ni su proyecto racial y simplemente se asume que "su raza es puramente chilena", como una abstracción histórica y genética.

Es en este escenario que en este capítulo queremos caminar hacia las raíces profundas del conflicto en territorio mapuche, y contextualizar la violencia política o contraviolencia mapuche en relación a las diversas violencias neocoloniales. Revisaremos y discutiremos si acaso la violencia representa una práctica antojadiza e inherente al Pueblo Mapuche. La contraviolencia, la noción que usaremos, representará, desde nuestra perspectiva, la contextualización relacional de las acciones más radicales del movimiento mapuche contemporáneo frente a la violencia del Estado y la violencia neocolonial. Nuestro análisis se fundamentará en la historia misma y en las interacciones mismas entre los actores del conflicto; pues no podremos entender la violencia sin mirar la historia y las relaciones que han desarrollado en el tiempo los propios involucrados. Eso nos permitirá comenzar a separar la paja del trigo, superando las caricaturas que la prensa construye del conflicto. Veamos.

Salvo en localidades muy específicas de la provincia de Cautín, al sur de la Araucanía, hoy el conflicto en territorio mapuche va más allá de lo estrictamente cultural. Sobre todo destaca una dimensión económica-cultural que contrapone modelos de desarrollo y una de corte político que confronta alternativas político-administrativas, donde se juega la posibilidad de ejercer la autodeterminación y la autonomía como pueblo sobre el territorio. Es decir, dos grandes procesos: la resistencia al extractivismo[243] y a las empresas forestales, y la lucha frente al poder central y unitario del Estado chileno.

No obstante, entre las principales barreras para resolver el conflicto, o al menos para reducir sus costos humanos y sociales, se identifican, principalmente, los intereses empresariales en el territorio y la ideología neocolonial[244] que condicionan incluso el accionar de gobiernos de corte progresista (incluidos sus funcionarios más preparados, como el ex intendente Jouanette). Estos dos elementos estructurales, partes de la arquitectura de nuestra sociedad (los intereses del gran capital y la ideología neocolonial), han consolidado en las últimas décadas un contexto de violencia en el territorio, que se hace evidente y dramático, por un lado, con la violencia empresarial extractivista, con impactos ambientales y socioculturales; y, por otro, con la violencia estatal, que impacta en la vulneración de los derechos humanos de la población mediante la represión indiscriminada y políticas sociales inefectivas, de escasa pertinencia cultural[245]. El Estado chileno hoy 1) reprime policial y judicialmente a la población mapuche resguardando clientelarmente intereses de los grandes grupos económicos[246]; 2) desprotege a las comunidades socioeconómicamente con políticas inefectivas, e inferioriza y folcloriza al Pueblo Mapuche con políticas

---

[243] Para una definición de este concepto se puede revisar el glosario de términos en anexos.

[244] *Ibídem.*

[245] Como si para aumentar la práctica del deporte entre la población chilena, el Ministerio del Deporte nos repartiera balones de fútbol americano.

[246] Latorre y Rojas Pedemonte (2016).

indigenistas[247] y asimilacionistas[248]; y 3) niega al Pueblo Mapuche como sujeto colectivo y político[249].

Sin duda, esta violencia guarda profundas raíces históricas, pero es la "tercera invasión" al territorio mapuche —la ocupación forestal iniciada con la contrarreforma de Pinochet— la que agudiza la situación. Es en este contexto de despojo mediante tres invasiones, y de posterior profundización del modelo extractivista durante los gobiernos posdictatoriales, donde surge la contraviolencia mapuche, que cumplió 20 años como repertorio de acción colectiva. Su génesis contemporánea se remonta al 12 de octubre del 1997, donde, luego de un siglo de participación pacífica en la política chilena, se quemaron dos camiones de la industria forestal en la localidad de Lumaco, en la Provincia de Malleco, Región de la Araucanía. Desde entonces, la vía institucional ha ido mostrando agotamiento y se ha complementado con acciones violentas y confrontacionales. Un dirigente de una comunidad en conflicto territorial, pero sin más aspiración que lograr escaños reservados en el parlamento chileno —es decir, con una posición política moderada—, nos explicaba el desgaste de la vía institucional en una reciente investigación[250]: "Muchas veces se hicieron todas las cosas posibles por la paz, conversar... ¿Por qué hemos tenido enfrentamientos? Porque nada ha resultado".

Las relaciones sociales —incluidas las violentas— no son estáticas y la conflictividad en territorio mapuche ha experimentado dinámicamente diversos ciclos y momentos[251]; sin

---

[247] *Ibídem.*

[248] *Ibídem.*

[249] Pairican (2014).

[250] Rojas Pedemonte y Miranda (2016).

[251] *Ibídem.*

embargo, es posible identificar aspectos estructurales, es decir, profundos y persistentes, que reproducen y fundamentan el conflicto: las diversas violencias neocoloniales que enfrenta el pueblo originario más numeroso del país. Precisamente, las violencias validadas tanto por la élite chilena (política, empresarial y religiosa), como por los medios de comunicación, han sido los principales catalizadores y reproductores del conflicto en la zona.

En sus diversas facetas, la violencia contra los sobrevivientes del Pueblo Mapuche les ha permitido a los detentadores del poder capitalizar las tres invasiones a *Wallmapu*, delimitando con claridad quienes son los herederos de la usurpación y los despojados. El despojo territorial exacerbado durante la dictadura ha logrado instalar, mediante la violencia brutal —y también sutil— de los últimos gobiernos democráticos, una profunda línea divisoria entre la élite chilena (local y nacional) y el Pueblo Mapuche[252], a partir de la cual se reparten premios y castigos dependiendo del bando.

Hoy son diversas las violencias que se reproducen y recrudecen contra el Pueblo Mapuche. Como un *déjà vu* del gobierno de Ricardo Lagos y de los primeros reportes de Rodolfo Stavenhagen, los organismos nacionales e internacionales de derechos humanos continúan denunciando los persistentes abusos y vulneraciones al Pueblo Mapuche[253]. De hecho, la presidenta Bachelet fue interpelada en marzo del año 2017, por el Alto Comisionado para los Derechos Humanos, Zeid Ra'ad Al Hussein, por "los informes sobre el uso excesivo de la fuerza y otros abusos contra miembros de grupos

---

[252] Una suerte de clivaje (línea divisoria) neocolonial e interétnico como diría Salvador Aguilar (2008).

[253] Ver: "Caso Luchsinger-Mackay, DD.HH. y terrorismo" en: https://territorioen conflicto.jesuitas.cl/caso-luchsinger-mackay-dd-hh-y-terrorismo/ Web consultada en 15-08-2018.

indígenas"[254]. Así mismo, diversos estudios han dado cuenta de un aumento exponencial del gasto policial y de la represión en territorio mapuche para resguardar a las grandes industrias forestales durante los últimos dos gobiernos, el primero de Sebastián Piñera y principalmente el segundo de Michelle Bachelet[255].

También hay otras violencias no siempre explícitas, pero más profundas, que persisten contra el Pueblo Mapuche. Por un lado, el Estado y el modelo de desarrollo extractivista obstruyen el bienestar subjetivo, socioeconómico y ambiental de las comunidades, en lo que se conoce como "violencia estructural". Los indicadores sobre pobreza y exclusión son claros cuando, por ejemplo, se revisa la Encuesta Casen[256]. Y por otro, en un nivel menos evidente, pero igual de implacable —y como soporte discursivo y moral de las otras violencias— opera la violencia "cultural"[257] que valida y naturaliza los atropellos y las desventajas que enfrenta el Pueblo Mapuche. En este mismo nivel también opera la "violencia simbólica"[258] que impone la lógica utilitaria[259] y extractivista occidental por sobre la cosmovisión mapuche.

Asociada a la violencia cultural y simbólica, es posible reconocer la violencia racista[260]. Esta violencia neocolonial[261] niega al mapuche como un otro válido, particular y diverso, pero —vale agregar que— sobre todo, lo niega como actor

---

[254] *La Tercera* (30-03-2017).

[255] Rojas Pedemonte y Miranda (2016).

[256] Rojas Pedemonte (2017).

[257] Galtung (1996).

[258] Bourdieu (2000).

[259] Ver glosario.

[260] Richards (2013).

[261] *Ibídem.*

político, como sujeto colectivo[262]. Esta violencia que le niega al Pueblo Mapuche su condición de sujeto colectivo es de las más graves, pues se resiste a la posibilidad de que se manifiesten y decidan por sí mismos, es decir, que se autodeterminen como pueblo. Desde los más diversos sectores, tanto desde conservadores, como de liberales e indigenista, se les animaliza y folcloriza, o directamente, cuando se movilizan se les tilda de "delincuentes", "terroristas" o de "embaucados" por internacionalistas que les infiltran una convicción política que no les sería propia. Mientras tanto, aquellos sectores progresistas, incluido el mundo académico, suele dudar que los repertorios de protesta más radicales sean accionados por el propio movimiento mapuche, y, a veces, —basados en cierta evidencia anecdótica (no por eso inexistente)— recurren a teorías del complot, asumiendo que se trataría de auto-atentados y operaciones de bandera falsa. Pero rara vez se reconoce que es el mismo movimiento, como actor político, el que despliega racional y estratégicamente la contra-violencia como acción reivindicativa, principalmente, contra maquinarias, propiedades o plantaciones forestales. "Esto no es montaje; es sabotaje y dignidad", es uno de los lemas de una de las nuevas organizaciones mapuche surgida en el territorio.

La élite y los medios de comunicación jamás asocian la contraviolencia con el conflicto político estructural, y lo reducen simplemente a la desviación delincuencial o a la odiosidad terrorista, mientras que la academia —incluso los solidarios con la causa mapuche— difícilmente se atreven a hablar de las organizaciones políticas mapuche que reivindican la

---

[262] Y aquí utilizamos la acepción clásica y positiva de sujeto, la que da cuenta de aquel actor que se sostiene y soporta a sí mismo, y no a la acepción negativa que destaca la "sujeción externa", que hoy prolifera en las Ciencias Sociales.

autodeterminación territorial como un movimiento social[263]. La violencia racista niega la posibilidad de que el movimiento mapuche sea un actor estratégico y racional. No obstante, la evidencia histórica demuestra que, por un lado, como pueblo se ha caracterizado por una cultura diplomática y, por otro, hoy destaca por un discurso decolonial[264] que propone una nueva racionalidad, ecológica[265] o ambiental[266], frente a la amenaza de un daño irreversible del extractivismo sobre la naturaleza, la cultura y la economía local. Mientras recuperan la fertilidad el suelo y reforestan con bosque nativo[267] y en paralelo queman camiones, bodegas y plantaciones forestales frente a la amenaza —científicamente fundada[268]— de que el territorio en treinta años se desertifique, difícilmente puede tildarse de antojadizo. Posiblemente se podría cuestionar la dimensión legal o ética de la contraviolencia, pero no la racional. Con todo, cuando lo que está en juego es el medio ambiente y, en definitiva, la vida[269], su supervivencia como pueblo, no parecen estar alejados de lo que explícitamente la Constitución de Estados Unidos, la Declaración Francesa de Los Derechos del Hombre, e implícitamente la Declaración

---

[263] Como si el Pueblo Mapuche contemporáneo careciera de racionalidad y proyecto político (de hecho, reconocen varios, frente a un diagnóstico común sobre la crisis socio-ambiental del territorio). Como si la racionalidad fuese una sola y la monopolizara la cultura chilena. Por el contrario, el Pueblo Mapuche no es un monolito, sino un actor en permanente construcción, un pueblo que históricamente fue diplomático y político, y que frente a coyunturas específicas se ha disfrazado de guerrero. En su amistosa relación con los pueblos vecinos, ha preservado y resignificado históricamente su cultura y cosmovisión, evidenciando una racionalidad que va más allá de lo instrumental y utilitario.

[264] Ver glosario.

[265] Giner y Tábara (1999).

[266] Leff (2004).

[267] Ver Mito 10: "Los Mapuche tienen botadas las tierras que se les dan".

[268] Flores *et al.* (2010).

[269] Nahuelpan y Antimil (2017).

de los Derechos Humanos, ha consagrado como el Derecho a la Rebelión[270].

Las principales organizaciones mapuche, como la CAM, la Alianza Territorial Mapuche e Identidad Lafkenche, reconocen en su lucha la necesidad de un nuevo ordenamiento político administrativo y de un nuevo modelo de desarrollo, descartando así dañar a personas y enfocando su accionar sobre los objetos mismos de su reivindicación, las agencias gubernamentales, el gran capital y la gran propiedad, descartando cualquier desviación terrorista o delincuencial[271]. Si bien hay matices entre las organizaciones respecto al proyecto político, concuerdan en la identificación de sus adversarios (no es la sociedad chilena, sino los grupos dominantes, sobre todo a nivel político y empresarial). También coinciden en el diagnóstico y en el discurso que identifica la urgencia de un nuevo paradigma orientado por el Buen Con-Vivir (*Küme Mongen*). Y, ciertamente, frente a la violencia neocolonial instaurada en el territorio, el desastre ecológico en curso y el cierre del sistema político para sus demandas, la mayoría de las organizaciones conviene en la necesidad de recurrir a la contraviolencia como autodefensa y conquista de espacios de autonomía.

A propósito, una *lamgen* del lago Lleu Lleu nos explicaba en un estudio reciente[272] que no es bosque nativo el que las

---

[270] Sin embargo, aquí se abre una discusión propia del Derecho, de la Ética y la Filosofía Política que excede los objetivos y alcances de este capítulo, que solo pretende contextualizar el fenómeno de la violencia y la contraviolencia.

[271] Recientemente, incluso *Weichan Auka Mapu*, la pequeña organización, pero con gran capacidad disruptiva, que emergió en la provincia de Cautín el 2016 quemando iglesias y levantando en un primer momento un discurso fundamentalista comunitario, se ha aproximado a esta postura. Disponible en http://werken.cl/weichan-auka-mapu-se-adjudica-el-sabotaje-de-los-29-camiones-en-la-mariquina-y-14-mas-en-otras-regiones-mapuche/. Web consultada en 26-05-2018.

[272] Rojas Pedemonte y Miranda (2016).

organizaciones queman, sino las plantaciones de las grande empresas con aquellas especies exógenas que desertifican el territorio, el pino radiata y el eucaliptus:

> Todos los años se arman incendios... están matando todos esos árboles para que se empiecen a rescatar cosas mejores, es por eso que —no sé si los de aquí o los de afuera— vienen a quemar los bosques de los grandes empresarios. Aquí no le están quemando los bosques a cualquiera, sino a Mininco y Volterra.

En el territorio en conflicto, las comunidades saben que los incendios de plantaciones forestales, como la quema de camiones, la mayor parte de las veces no son ni accidentes, ni autoatentados, sino un repertorio de protesta[273], racional y estratégico contra el gran capital en la zona.

La contraviolencia para la mayor parte del movimiento mapuche se ha transformado en legítima. Ciertamente, no para los mapuche de las grandes ciudades destacados por la encuesta CEP[274], sino para las comunidades movilizadas en territorios en conflicto. La reconocen como una acción política válida y necesaria. La contraviolencia se ha legitimado transversalmente en las comunidades en conflicto territorial, más allá de sus divergencias de ideario político. Dentro del movimiento mapuche, la distinción entre "mapuche buenos y mapuche malos" o entre "mapuche pacíficos y mapuche violentos" hoy más que nunca parece una distinción inconsistente, propia de la ideología neocolonial. Un joven dirigente mapuche de Tirúa, asiduo a la vía institucional y

---

[273] Ver glosario.

[274] "Los mapuche rurales y urbanos hoy. Marzo-mayo 2016", encuesta del Centro de Estudios Públicos.

partidario de una región autonómica más que de un proceso independentista, nos comentó en un reciente trabajo de campo que

> todas las formas de lucha son buenas, mientras se logre el propósito de sacar a las forestales, porque esa es una... Una es la recuperación de la tierra y la otra es echar a las forestales, porque nosotros vemos el daño que está hecho[275].

La contraviolencia mapuche no se trata de un simple arrebato, ni de una reacción arcaica o tradicional, ni de una idea foránea infiltrada en mentalidades vulnerables, sino es parte de una relación históricamente violenta con el Estado y la élite económica. Estamos en presencia de una respuesta política —valga la redundancia— de un actor político, de cara a un conflicto político contextualizado por la violencia extractivista, la cerrazón del sistema político y una ideología neocolonial que capitaliza y reproduce cultural y socialmente el despojo territorial histórico.

Mientras el racismo neocolonial caricaturice al Pueblo Mapuche como un actor irascible, como una amenaza, como un enemigo interno o, en su defecto, continúe negándolo como actor colectivo, como un sujeto político, atribuyéndole irracionalidad y barbarie, no se abrirán caminos de diálogo real, respetuoso y reparador. Seguirán las mesas de diálogo entre la élite y los mapuche socialmente "permitidos", mientras los "insurrectos" militantes del movimiento continuarán resistiendo con tenacidad a la devastación del territorio y de su cultura, impulsada por el modelo extractivista y el proyecto nacional chileno homogeneizador y centralista.

---

[275] Ver Rojas Pedemonte y Miranda (2016).

Mientras se siga, como herencia cultural de la dictadura, arbitrariamente negando y acallando posiciones políticas, a actores que no coinciden con el proyecto nacional-racial y económico del momento, en concreto, vetando al movimiento mapuche como sujeto, no se avanzará en un diálogo fecundo que cimente tanto la paz como la justicia.

Mientras el diálogo no sea simétrico, mientras no incluya a todos los involucrados, y mientras sea liderado asimétrica y neocolonialmente por la élite chilena, la vía institucional continuará deslegitimándose. No solo el escenario propicia la escalada de la violencia, sino también su descontrol. Así las nuevas generaciones de las comunidades mapuche seguirán engrosando las filas de las facciones más radicales del movimiento.

Mito 13

"Escucharlos y reconocer su cultura, independiente de cómo se haga, es suficiente"

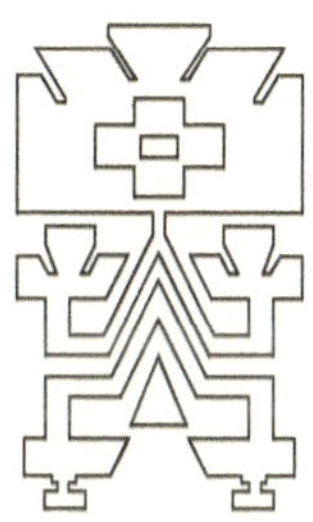

Después de recorrer diversos mitos respecto al Pueblo Mapuche, bajo la lógica del desaprender/aprender, no le sorprenderá que afirmemos que el conflicto y la violencia tensionan hace siglos a *Wallmapu*. Sin embargo, solo en las dos últimas décadas[276] ha pasado a ser un tema país, un ítem obligado de las campañas presidenciales y un apartado específico en las noticias. ¿Qué cambió? Básicamente, dos cosas. Quienes venían siendo avasallados por el despojo y ninguneados a riesgo de dejar de existir, ya no soportaron y se levantaron a luchar, cada quien por un camino, cabeza en alto *"inchiñ mapuchengeiñ", veypingün* ("somos mapuche", dijeron). ¿Qué más cambió?

---

[276] El año 2017 se cumplieron veinte años de los primeros camiones quemados en Lumaco, que marcan el hito del actual ciclo de conflicto entre el Estado chileno, las industrias y el Pueblo Mapuche.

La violencia dejó de descargarse únicamente sobre un pueblo indígena; ahora comenzó también a azotar a la tercera industria más poderosa del país, a empresas de los dos grupos económicos más fuertes de la nación, esos con recursos suficientes para financiar universidades, estudios y partidos políticos. Se encendieron las alarmas; el país comenzó a sentirse en peligro. La policía, casi militar, comenzó a ser desplegada por *Wallmapu*. El reestablecimiento del orden y la seguridad se hicieron prioridad en la agenda política.

Note que tal restablecimiento no apunta al Chile que reconocía mediante tratado al Pueblo Mapuche libre y autónomo territorialmente, como fue hasta 1850 aproximadamente; sino más bien el impuesto militarmente mediante la ocupación y usurpación territorial. Así, cuando se plantea la necesidad de reestablecer el estado de derecho en *Wallmapu* ¿se refieren a aquel donde se reconocía la autonomía política y territorial al Pueblo Mapuche o al posterior a la ocupación militar y reducción territorial?

El mantra de la productividad para vencer la pobreza y así solucionar el conflicto en *Wallmapu*, ha resultado en un aumento de la violencia en el territorio, con posiciones cada vez más extremas por parte del movimiento y de la élite político-económica. Numerosas propuestas de "reconocimiento", "diálogo" y "paz", que suenan esperanzadoras y bien intencionadas, no han hecho más que continuar extremando el conflicto, pues evaden sistemáticamente su trasfondo político.

Basta revisar los últimos 27 años para notar cómo las numerosas promesas de reconocimiento constitucional[277] acaban estranguladas, una y otra vez, por una estrecha y

---

[277] Desde el retorno a la democracia se han rechazado al menos 6 proyectos de ley al respecto.

unitarista comprensión nacional homogeneizante y centralista. Estas propuestas han ido desde lo meramente folclórico hasta quienes se abren a ciertos grados de participación política. Un ejemplo de esto fue la discusión en el Congreso en los años 2007 y 2008. La derecha propuso un reconocimiento folclórico al sostener que

> La Nación chilena, una e indivisible, reconoce y valora la contribución de los pueblos indígenas originarios, definidos como grupos de culturas anteriores a la organización del Estado y a la conformación del pueblo chileno. Es deber del Estado respetar la identidad, cultura y tradiciones de sus raíces ancestrales.

Y la centro-izquierda, yendo un poco más allá, reconoce la existencia de un Pueblo, pero sin precisar los alcances políticos de este término: "La nación chilena es multicultural. El Estado reconoce la existencia de los pueblos indígenas que habitan su territorio y el derecho de los pueblos, comunidades y personas indígenas a conservar, desarrollar y fortalecer su identidad, idiomas, instituciones y tradiciones sociales y culturales"[278]. De cualquier modo, esta reforma nunca vio la luz por el miedo manifiesto de tener

> un Estado dentro de otro Estado o de un independentismo republicano.

---

[278] Las ideas de la derecha se pueden observar en el informe de Libertad y Desarrollo para esta ley, disponible en http://www.lyd.org/lyd/biblio/RL-847-5324-07%20 y%205522-07-Pueblos%20indigenas.pdf Web consultada en 05-04-2018 y en la discusión en el congreso, disponible en https://www.camara.cl/pley/pley_detalle. aspx?prmID=5903&prmBL=5522 Web consultada en 29-10-2017.

Sin mencionar que todas estas propuestas han vulnerado el principio fundamental de la consulta indígena según los estándares del Convenio N° 169 de la OIT. Todo lo cual ha relegado los derechos colectivos de los pueblos originarios al ámbito judicial, donde se resuelven discrecionalmente, sin atender la institucionalidad internacional situaciones que afectan —para bien o para mal— al Pueblo Mapuche y su territorio ancestral[279].

Es verdad, también se ha avanzado. Esto no se puede negar. Sin embargo, tal avance se ha dado sin salir de una situación crítica e injusta, como lo reflejan las violencias presentes en el territorio. Mientras no haya reconocimiento, con los consecuentes derechos políticos demandados, frutos de un proceso amplio y profundo de diálogo con los actores políticos mapuche y chilenos, las políticas indígenas del Estado no serán más que un vano esfuerzo asistencialista.

Y claro, no cualquier reconocimiento construye la paz. El reconocimiento de Pueblo implica necesariamente el reconocimiento de derechos políticos colectivos. Por ejemplo, se suele sostener que la mera participación en las instancias democráticas actuales bastaría. Muchos chilenos bien intencionados sostienen que lo que el Estado puede hacer es asegurar algún tipo de mecanismo donde los pueblos indígenas puedan entrar en la institucionalidad, como por ejemplo, los cupos parlamentarios. Naturalmente esto representaría un avance democrático, pero tememos que esté lejos de representar una solución definitiva a la conflictiva situación entre el Estado chileno y el Pueblo Mapuche. Comprender el reconocimiento como el ejercicio de integrar a los mapuche a las

---

[279] Ejemplos de esto son las hidroeléctricas o mineras que han paralizado sus obras por recursos judiciales, como también los numerosos proyectos energéticos y extractivistas que intervienen legalmente el territorio, pero con elevada deslegitimidad social, por la fuerte resistencia y desaprobación de las comunidades.

soluciones por nosotros creadas, simplemente representa un paradigma que difícilmente responderá al fondo del desafío.

La legitimidad del reconocimiento descansa en la elaboración conjunta de lo que esto significa. Es cambiar la lógica imperante hasta ahora, bajo la cual el Pueblo Mapuche aparece como un sujeto de beneficio o asistencia, para considerarlo como un sujeto político relevante, especialmente en la construcción política, económica y cultural de *Wallmapu*. No desconocemos la complejidad que tal proceso comporta, toda vez que afecta aspectos constitutivos de nuestra auto-comprensión como país. Sin embargo, justamente nos parece que son estas las tareas fundamentales de la política.

¿Cómo se generan los espacios constitucionales para que el Pueblo Mapuche pueda reconocer y sostener bajo sus lógicas a sus líderes y representantes en sus más diversas dimensiones culturales, otorgándoles así un poder real para elaborar junto a chilenos el proyecto de sociedad en *Wallmapu*?

Tristemente, hasta ahora los modelos de participación y consulta indígena están lejos de los estándares internacionales a los que Chile se ha suscrito. Por ejemplo, el Convenio N° 169 de la OIT, en su artículo 6, establece el deber del Estado de Chile de consultar las medidas legislativas y administrativas susceptibles de afectar directamente a los pueblos originarios, estableciendo procedimientos apropiados de consulta a los pueblos interesados, de buena fe y con la finalidad de llegar a un acuerdo o lograr el consentimiento acerca de las medidas propuestas. Increíblemente, este artículo que es la médula del convenio, ha sido una y otra vez blanqueado, como lo reconoció el plan elaborado bajo el segundo gobierno de Bachelet, el año 2017, proponiendo trabajar para la adecuada aplicación de dicha consulta —9 años después de ser asumida por el Estado chileno. Uno de tantos ejemplos sobre esto es el proyecto energético en el río Pilmaiquen cerca de río Bueno, donde las consultas se hicieron cuando el proyecto ya estaba en ejecución. El proyecto comenzó cuando se empezó a arreglar el camino, a electrificar la zona donde se construiría la central. Como estas "mejoras" no serían en sí mismas parte del proyecto final, no se consultaron y presentaron como proyectos distintos, saltándose la obvia perspectiva socioterritorial integral cuando se interviene cualquier ecosistema.

Un diálogo profundo y verdadero se hace urgente para construir caminos de justicia que garanticen la paz. Pero el diálogo por el diálogo tampoco es una condición suficiente para la paz social. El diálogo es reparador y sustentable en el tiempo si tiene por horizonte la búsqueda de justicia y no la simple dilación del conflicto. En este sentido no a cualquier instancia o reunión se le puede llamar diálogo. Dialogar implica escuchar(se) entre todos sin exclusión (no solo entre amigos o semejantes), con neutralidad y simetría, sin posiciones ni recursos ventajosos; supone estar dispuesto a ceder, negociar y ponerse en el lugar del otro. Tampoco se trata de dialogar sin agenda clara, es decir, se requiere poner sobre la mesa aquello que debemos resolver mediante el diálogo. Esto —para nosotros— sería el reconocimiento de los derechos colectivos del Pueblo Mapuche y el nuevo modelo de sociedad con que Chile protegerá su diversidad cultural y medioambiental.

El Estado de Chile ha desperdiciado innumerables oportunidades. Esto ha tenido como resultado aumentar la desconfianza y deslegitimar las instancias de diálogo, "deforestar la esperanza", parafraseando al Papa Francisco en su reciente visita a Temuco. Basta recordar algunos ejemplos paradigmáticos, como la construcción de la represa Ralco, donde el presidente Eduardo Frei Ruiz-Tagle pasó por encima de la Conadi y la Ley Indígena por presiones de las grandes empresas eléctricas, burlando de paso la misma institucionalidad de diálogo existente; o el desaire del presidente Lagos a las comunidades *lavkenche* al no llegar al *trawün* (reunión) en Puerto Saavedra donde acordaron abordar y discutir una propuesta legislativa[280]; o las mesas de diálogo en que las autoridades chilenas determinan unilateralmente a qué mapuche excluir[281]. Llamativo fue el año 2016 cuando se levantó una mesa de diálogo con un obispo católico[282] en la presidencia mientras la *machi* Francisca Linconao —autoridad espiritual mapuche— era nuevamente involucrada en delitos y crímenes por el Estado chileno. Todas las instancias denominadas "de diálogo" a lo largo de los últimos años han fallado en el horizonte y el método. Excluir, no abordar lo relevante y buscar réditos cortoplacistas, son parte de las fallas. Un dirigente mapuche recientemente se quejó en un encuentro convocado del Proceso Constituyente de las engañosas iniciativas de diálogo, diciendo que ya parecían "carpinteros y mesistas" entre tanta mesa de diálogo artificioso.

La paz social que todos deseamos se construye estableciendo relaciones justas entre todos los habitantes de un territorio, reconociendo las injusticias y reparándolas. No se trata del respeto por el metro cuadrado del otro, como si

---

[280] Ver artículo Millahual, Carlos (2004). "El desaire de Ricardo Lagos". En *Periódico Mapuche Azkintuwe*. Año 1, abril, N°5.

[281] Ver columna Bresciani, Carlos y Rojas Pedemonte, Nicolás (2017). "Comisión Presidencial Araucanía: otra oportunidad fallida", *El Mostrador* 3 de febrero de 2017.

[282] No consideramos el papel mediador de un obispo católico negativo ni impertinente, pues toda colaboración con construir entendimientos es parte de la colaboración que un obispo aspira ofrecer a la sociedad. Sin embargo, siendo también la Iglesia una institución cuestionada por el movimiento mapuche, designar a un obispo que no está legitimado por los actores relevantes del conflicto, al mismo tiempo que se persigue a una autoridad religiosa mapuche, grafica una pobre lectura política del territorio y de lo naturalizado de la discriminación.

se tratara de un pacto de no agresión solamente; sino de construir un espacio político sobre la base de la justicia y del reconocimiento activo y efectivo del otro. Por ello creemos que la paz en el territorio mapuche podrá cimentarse si la sociedad chilena y el Estado validan los espacios políticos mapuche para que escuchándolos y dialogando nos relacionemos con ellos simétrica y respetuosamente, construyendo un nuevo espacio político intercultural. Este último aspecto es importante, pues las propuestas políticas que aspiren a la asimilación o integración de los mapuche, o a su reducción a una clase o grupo social, solo acabará en el despeñadero.

Palabras finales de los autores

A lo largo de esta extensa conversación a la que le hemos invitado, a través de los distintos mitos o prejuicios respecto al Pueblo Mapuche y sus demandas, hemos citado bastantes investigaciones. No ha sido por un interés academicista, sino porque también queremos aportar evidencia de que existen información y prolíficos estudios al respecto. Especialmente, hemos intentado apoyarnos en el Informe Verdad Histórica y Nuevo Trato con los Pueblos Indígenas, pues constituye un estudio elaborado por distintos historiadores a petición del Estado chileno. De modo, que constituye también parte de nuestra conciencia histórica como país. Sin embargo, notará que no estamos lejos de responder con justicia a los atropellos ahí narrados.

Sabemos que los textos, por más documentados que sean, no resuelven la historia. Esta la vamos haciendo entre todas y todos en lo cotidiano de nuestras relaciones, que se condensan en determinados momentos históricos, de variadas formas. No obstante, nos ayudan los registros para volver a examinar las prácticas y modos de relación que hemos ido adoptando, desaprendiendo para volver a aprender, y así sucesivamente. Esperamos que estas conversaciones hayan contribuido a mirar desde otra perspectiva al Pueblo Mapuche y la lucha por sus derechos.

La paz será fruto de la justicia. Esto es entender que no hay paz a cualquier costo, ni de cualquier manera; sino solo entendida como el establecimiento de relaciones basadas en la dignidad de las personas y de los pueblos. Dignidad que pasa en el territorio del *Wallmapu* por el reconocimiento de un pueblo como sujeto de derechos colectivos. Es la dignidad de un pueblo que tiene todo el derecho a existir como tal desde su propio proyecto histórico de vida. Si comprendemos esto tan fundamental, podremos establecer el piso para una convivencia armónica no solo entre el Estado de Chile y el Pueblo Mapuche, sino entre todos los que habitamos el territorio. Podremos reconocernos en nuestra dignidad, mirarnos a la cara, entrar en diálogo y soñar con una vida buena para todos y todas.

Como revisamos al inicio del libro, el Pueblo Mapuche ha desarrollado por siglos el arte de la diplomacia y la fraternidad con los pueblos vecinos, y no cabe duda de que es el Estado chileno el que tiene las mayores dificultades históricas en ello. Invadidos por la Corona Española, resistieron y luego parlamentaron por siglos, y luego invadidos por el Ejército chileno en el siglo XIX, se animaron a participar pacíficamente de la democracia chilena en el siglo siguiente. No podemos seguir empujándolos a la violencia colectiva, con represión, incesantes promesas no cumplidas, y diálogo artificial. La paz reclama una nueva relación, un verdadero nuevo trato.

Referencias bibliográficas

Aguilar, S. (2008). "La teoría de los clivajes y el conflicto social moderno". Ponencia presentada en noviembre de 2008 en VIII Congreso de Ciencia Política Crítica organizado por la Universidad de País Vasco en Bilbao.

Anaya, J. (2009). La situación de los pueblos indígenas en Chile: seguimiento a las recomendaciones hechas por el Relator Especial anterior. Informe del Relator Especial sobre la Situación de los Derechos Humanos y las Libertades Fundamentales de los Indígenas, Consejo de Derechos Humanos, disponible en http://www.politicaspublicas.net/panel/attachments/article/389/2009-chile-informe-relator-james-anaya.pdf (web consultada en 29-05-2018).

Aylwin, J., Yáñez, N., & Sánchez, R. (2013). "Pueblo mapuche y recursos forestales en Chile: Devastación y conservación en un contexto de globalización económica". Temuco: Observatorio Ciudadano & IWGIA.

Bengoa, J. (1999). *Emergencia indígena*. Santiago: Fondo de Cultura Económica.

Bengoa, J. (2000). *Historia del pueblo mapuche: (siglos XIX-XX)*. Santiago: Lom.

Bengoa, J. (2003). *Historia de los antiguos mapuches del sur: desde antes de la llegada de los españoles hasta las paces de Quilín. Siglos XVI-XVII*. Santiago: Catalonia.

Bengoa, J. (2012). "Historia de un conflicto: el Estado y los Mapuches en el siglo XX". Santiago: Planeta.

Bourdieu, P. (2000). *Intelectuales, política y poder*. Buenos Aires, Eudeba.

Boy, J., Godoy, R. & Guevara, G. (2014). "Transporte de aerosoles, biometeorización y cambio global". En: C. Donoso, M. González y Lara, A. (eds.). *Ecología Forestal: Bases para el Manejo Sustentable y Conservación de los Bosques Nativos de Chile*. Valdivia: U. Austral de Chile.

Carabineros de Chile (2016). "Violencia Rural, Carabineros de Chile 2014-2016". Carabineros de Chile: Subsecretaría del Interior.

Casanova, H. (1999). "Entre la ideología y la realidad: la inclusión de los Mapuche en la nación chilena (1810-1830)". *Revista de Historia Indígena* Núm. 4: 9-48.

Cayuqueo, P. (2017). *Historia secreta Mapuche*. Santiago: Catalonia.

Comisión Verdad Histórica y Nuevo Trato con los Pueblos Indígenas (2008). "Informe de la Comisión Verdad Histórica y Nuevo Trato con los Pueblos Indígenas". Santiago de Chile, Gobierno de Chile.

Conaf 2014 / Corma 2015, Instituto forestal 2017. Convenio N° 169 https://www.ilo.org/wcmsp5/groups/public/---americas/---rolima/documents/publication/wcms_345065.pdf

Correa, M.; Yáñez, N.; Molina, R. (2005). *La reforma agraria y las tierras mapuche: Chile 1962-1975*. Santiago: Lom.

Donoso, P., & Otero, L. (2005). "Hacia una definición de país forestal: ¿Dónde se sitúa Chile?". *Revista Bosque*, 26 (3), 5-18.

Durán, G., & Kremerman, M. (2015). "Despojo Salarial y Pueblos Originarios". Chile: Fundación Sol.

Flores, J. P.; Martínez, E.; Espinosa, M.; Avendaño, P.; Ahumada, I.; Torres, P. & Henríquez, G. (2010). *Determinación de la erosión actual y potencial de los suelos de Chile*. Santiago: Ciren.

Foerster, R. & Montecino, S. (1988). *Organizaciones, líderes y contiendas mapuches: (1900-1970)*. Santiago: Ediciones CEM.

Galtung, J. (1996). *Peace by peaceful means. Peace and Conflict, Development and Civilization*. Londres: Sage.

García Linera, A. (2014). *Hacia el gran Ayllu Universal*. Santiago: Ediciones Arcis.

Giner, S. y Tábara, D. (1999). "Cosmic Piety and Ecological Rationality". *International Sociology*, Vol. 14, 59-82.

González-Hidalgo, M. (2015): "¿Agua para quién? Escasez hídrica y plantaciones forestales en la Provincia de Arauco". Santiago: *Agua que has de beber* - ONG Forestales por el Bosque Nativo.

Grimson, A. (2005). "Fronteras, estados e identificaciones en el Cono Sur". En D. Mato, *Cultura, política y sociedad Perspectivas latinoamericanas*. Buenos Aires: Clacso.

Guevara, T. (1901). "Historia de la civilización de Araucanía". *Anales de la Universidad de Chile*. Santiago: Universidad de Chile.

Inostroza, I. (1986). "La agricultura en las comunidades mapuche de Chile", Cuhso, *Cultura, Hombres y Sociedad*, Revista de Ciencias Sociales y Humanas, Universidad Católica de Chile, sede Temuco.

Iturriaga, R. (1992). *Reglamento de misiones del Colegio de Chillán*. Santiago: Publicaciones de Archivo Franciscano, 23.

Latorre, J. I. & Rojas Pedemonte, N. (2016). "El conflicto forestal en territorio mapuche hoy". *Ecología Política*, (51), 84-87.

Leff, E. (2004). "Racionalidad ambiental y diálogo de saberes: significancia y sentido en la construcción de un futuro sustentable". *Revista Polis*, Año 2, N° 7.

Little, C., Cuevas, J., Lara, A., Pino, M. & Schoenholtz, S. (2014). "Buffer effects of streamside native forests on water provision in watersheds dominated by exotic forest plantations". *Ecohydrology*, 1205-1217.

Llaitul, H. & Arrate, J. (2012). *Weichan. Conversaciones con un weychafe en la prisión política*. Santiago: Ceibo.

Mariman, P. (2012). "La República y los Mapuche: 1819-1828". En *Comunidad de Historia Mapuche. Ta iñ fike xipa rakizuameluwün. Historia, colonialismo y resistencia desde el país Mapuche*. Temuco: Ediciones Comunidad Historia Mapuche.

Mariman, P.; Caniuqueo, S.; Millalén, J. y Levil, R. (2006) *¡...Escucha, winka...! Cuatro ensayos de Historia Nacional Mapuche y un epílogo sobre el futuro*. Santiago: Lom.

Martínez, C., Premoli, A., Echeverría, C., Thomas, P. & Hechenleitner, P. (2011). "Restricted gene flow across fragmented populations of Legrandia continua, a threatened Myrtaceae endemic to south-central Chile". *Revista Bosque*, 32, 30-38.

Matamala, D. (2016). *Poderoso caballero*. Santiago: Catalonia.

Meza-Lopehandía, M. (Editor) (2009). *Las implicancias de la ratificación del Convenio N° 169 de la OIT en Chile*. Temuco: Observatorio Ciudadano.

Nahuelpan, H & Antimil, J. (2017). "La lucha mapuche por la vida frente a un nuevo proyecto racial global". LASA Forum, XLVII (2), 37-38.

Pairican, F. (2014). *Malon: la rebelión del movimiento mapuche: 1990-2013*. Santiago: Pehuén Editores.

Pinto, J. (2002). "Las heridas no cicatrizadas. La exclusión del mapuche en Chile en la segunda mitad del siglo XIX". En Boccara, Guillaume (Ed.) *Colonización y mestizaje en las Américas (siglo XIX-XX)*. Quito. Ecuador: AbyaYala — IFEA.

Pu lov y comunidades lavkenche en resistencia (2017). *¡Xipamün pu ülka!: La usurpación forestal del Lavkenmapu y el proceso actual de recuperación*. Santiago: Libros del perro negro.

Richards, P. (2013). *Race and the Chilean Miracle. Neoliberalism, Democracy, and Indigenous Rights*. Pittsburgh: University of Pittsburgh Press.

Rojas Pedemonte, N. & Miranda, O. (2016). "Dinámica sociopolítica del conflicto y la violencia en territorio mapuche", *Revista de Sociología*, número 30. Universidad de Chile.

Rojas Pedemonte, N. (2017). "Violencia estructural y exclusión del Pueblo Mapuche: estadísticas multidimensionales de un territorio en conflicto". Documento de trabajo. Observatorio de la Deuda Social de América Latina. Versión disponible en http://www.odsal.oducal.com/documentos/violencia%20estructural%20y%20exclusion%20del%20pueblo%20mapuche_1499713606.pdf Web consultada en 28-05-2018.

Seguel, A. (2003). "Radiografía al conflicto forestal en el Gulumapu". Chile. Disponible en http://www.ambiente-ecologico.com/ediciones/informesEspeciales/011_InformesEspeciales_InformeSobreForestacionEnChile.pdf Web consultada en 01-06-2018.

Soto, D. & Rojas Pedemonte, N. (2016). "*Küme Mongen*: El buen con-vivir mapuche como alternativa de desarrollo humano y sustentable". Congreso Social 2016, Pontificia Universidad Católica. 4 de octubre de 2016.

Stavenhagen, R. (2003). Derechos humanos y cuestiones indígenas. Informe del Relator Especial sobre la situación de los derechoshumanos y las libertades fundamentales de los indígenas, disponible en http://www.acnur.org/t3/fileadmin/Documentos/BDL/2006/4353.pdf?view=1 (web consultada en 01-03-2014).

Vicuña Mackenna (1868). *Guerra a muerte*. Santiago: Ediciones Imprenta Nacional.

Glosario

Asimilacionismo:

El asimilacionismo refiere a un modelo que conceptualiza la cultura de una manera uniforme, de tal forma que los grupos y minorías no tendrían más alternativa que adoptar las normas, la lengua, los valores y la identidad de la sociedad dominante, con la resultante pérdida de su cultura de origen.

Asistencialismo:

Se ocupa el término para considerar todas aquellas intervenciones de apoyo material o inmaterial que se ofrece a comunidades o personas que sufren o han experimentado alguna vulnerabilidad o calamidad. Se tiende a relacionar el concepto como un paliativo para disminuir las consecuencias de estas dificultades sin resolverlas definitivamente, pudiendo generar otros problemas como la dependencia y la creación de un falso estado de bienestar, propiciando la ilusión de inclusión, participación, protección y otros ideales modernos.

Autodeterminación:

Se refiere a la capacidad de cada pueblo a decidir por sí mismo respecto a lo que les concierne en su territorio habitado. Concretamente alude al derecho a la libre determinación de los pueblos a autodefinir su presente y futuro, decidiendo sobre su administración política y jurídica, y por cierto, sobre su modelo de desarrollo socioproductivo.

Autonomía:

La autonomía hace referencia a las diversas modalidades de autogobierno de los pueblos. En este sentido, la autonomía debe ser entendida como una manifestación concreta de la autodeterminación, que puede darse en distintos grados y expresiones en función del contexto. A nivel local, municipal o regional se puede expresar como la potestad para definir presupuestos, marcos normativos y órganos de gobierno propios dentro de los márgenes del Estado nacional.

Colonialismo:

El destacado sociólogo peruano Aníbal Quijano definió el colonialismo como toda estructura política y económica que permite a distintos Estados dominar económica y políticamente en territorios extranacionales, implicando directa o indirectamente el control de los recursos como del trabajo, a través de las relaciones sociales de producción. El autor propuso el término de colonialidad del poder para referirse, además, al control de las formas de ser, pensar y representar el mundo en una América que después de los procesos de independencia se ha proyectado a partir de las arbitrariedades y subordinaciones propias del antiguo modelo colonial formalmente superado. En esta perspectiva, se destaca la existencia de una ideología colonial que reproduce y valida cultural y racialmente la dominación de una pueblo sobre otro, en concreto perpetuando a los descendientes de los conquistadores y colonos en el control del poder político y de los recursos en los territorios.

Decolonial:

Derivado del concepto anterior diversos autores y los propios movimientos sociales, principalmente los indígenas, manifiestan que hoy en día se estaría viviendo un proceso decolonial o descolonizador. Se trata de un proceso social marcado por la progresiva superación política e ideológica de las exclusiones provocadas por las jerarquías culturales, espirituales y raciales persistentes del antiguo modelo colonial.

Élite:

El concepto de élite refiere a aquellas minorías de actores que gozan de las mayores cuotas de poder, pudiendo ejercer efectivamente la conducción de la sociedad a nivel económico, social, simbólico y político. Cuando se habla de élite en singular, se hace referencia a las distintas minorías que negocian, planean, disputan y definen las grandes decisiones de una sociedad. Teóricamente cualquier actor puede transformarse en miembro de una élite, pero en la práctica, en nuestros países, suelen ser particularmente cerradas y provienen de reducidos círculos sociales.

Extractivismo:

El extractivismo refiere a nuevas formas de producción cada vez más intensivas y con fuertes impactos socioterritoriales, caracterizadas por una amplia y masiva explotación de recursos naturales destinadas a mercados globales. En el marco de la liberalización de los mercados, este modelo enfrenta comúnmente la resistencia de las comunidades, quienes denuncian recibir sus impactos socioambientales y escasos beneficios locales.

Indigenismo:

Corresponde a una corriente de pensamiento y de políticas de Estado que, reconociendo preocupación e interés por los pueblos indígenas, promueven su asimilación por parte de las instituciones y la cultura hegemónica. Suelen exacerbar folclóricamente las particularidades de los pueblos indígenas sin reconocimiento efectivo de sus derechos culturales, políticos y territoriales.

Nación:

En línea con la perspectiva weberiana, se entiende la nación como
una extensa comunidad culturalmente integrada que tiende a definir sus propios mecanismos políticos administrativos; pudiendo derivar así, como en los últimos cuatro siglos, en la conformación de Estados nacionales. La nación suele caracterizarse por
componentes comunes como la lengua, las tradiciones, el sentido
de la pertenencia a un territorio de origen y ciertas representaciones raciales. Si bien la nación, como una mega proyección de
la estructura comunitaria tradicional, es relativizada por diversos pensadores críticos como un proyecto político en constante
construcción, es particularmente distinguible como fenómeno en
aquellos contextos territoriales con fuerte identificación a una
historia compartida.

Naturalizar:

Consiste en desatender que los fenómenos sociales son construcciones históricas producidas a partir de códigos, intereses
y patrones socialmente establecidos en una época y un espacio
específico, asumiendo —por el contrario— acríticamente la realidad social como una experiencia dada, inevitable y, por tanto,
legítima.

Paternalismo:

Consiste en la extrapolación del modelo de relación paterno-filial
a otro tipo de relaciones sociales como la del Estado con los ciudadanos. Por un lado, implica el cuidado y apoyo entregado desde
un padre a un hijo, pero también la relación jerárquica de subor-
dinación que supone la autoridad y el poder paterno incuestiona-
ble. Esta asimétrica relación inferioriza e invalida al beneficiario
de las dádivas como un actor desvalido.

Pueblo:

El concepto de Pueblo se caracteriza por su implicancia política.
No se trata meramente de una agrupación de individuos, sino de
un colectivo con identidad y organización propia. Se trata de una
comunidad política con una conciencia histórica como núcleo de

vinculación entre sus miembros, y con autoridades e instituciones propias, formales o informales. Al identificar, por ejemplo, a un colectivo indígena como Pueblo, corresponde, en línea con la normativa internacional, reconocerle derechos políticos y territoriales.

Racismo:

Son aquellas prácticas y representaciones asociadas a una supuesta jerarquía de diferencias biológicas y/o culturales heredadas entre los grupos humanos. Se traduce en una valoración arbitraria de las diferencias representadas, justificando formas de exclusión, desprecio y opresión sobre determinados colectivos en sociedades concebidas hegemónicamente como igualitarias.

Repertorios de protesta:

Corresponden a aquellas modalidades de protesta probadas y recurrentes de las cuales disponen los actores y movimientos sociales para llevar a cabo sus reivindicaciones. Cual baúl de herramientas, recurren a ellas incluso pudiendo existir otras más efectivas para la conquista de sus derechos y para la consecución de sus objetivos políticos. Algunos repertorios pueden alcanzar con el tiempo gran transversalidad y modularidad, desplegándose por diversas organizaciones en territorios o contextos significativamente dispares.

Utilitarismo:

Consiste en la valoración de la utilidad como fuente y principio del máximo bienestar y felicidad. En la práctica, desde esta perspectiva se ponderan como correctas aquellas acciones que son útiles desde lógicas economicistas y de búsqueda de la eficiencia, desestimando otros aspectos relevantes a nivel cultural, socioambiental o humano. El utilitarismo, como racionalidad, se puede expresar tanto en acciones personales como colectivas e institucionales, como por ejemplo, en las política públicas.

Chedungún[*]

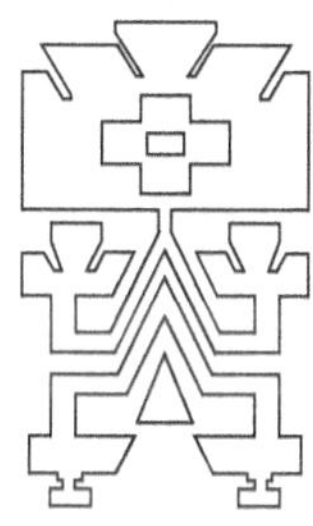

Ad Mapu:	modo de vida mapuche.
Challa:	olla.
Itrofill Mongen:	semejante a lo que podemos entender por diversidad de vidas, biodiversidad.
Kimün:	conocimiento, sabiduría.
Kimche:	persona sabia.
Kuivikeche:	antepasados.
Korü:	caldo.

---

[*] El siguiente glosario no pretende ahondar en los significados de las palabras mapuche, sino más bien acercar al lector a ciertas palabras en términos generales. Para un conocimiento acabado de los significados de cada una de estas palabras es menester conversar con los mapuche que conocen de ello, especialmente los kimche.

Koyangtun:	parlamentar, tomar acuerdos.
Küme Mongen:	Buen Vivir, Buen Con-vivir.
Küni:	ramadas que se construyen para un *nguillatun* o ceremonias semejantes.
Lamgen:	hermana.
Lavken:	mar o lago.
Lavkenche:	mapuche de las zonas costeras.
Lawen:	hierbas medicinales.
Llellipun:	rogativa mapuche.
Nguillatun:	Principal rogativa mapuche.
Lof:	espacio territorial delimitado por hitos geográficos y conformados por relaciones familiares.
Lonko:	principal autoridad socio-política de un lov o comunidad.
Mapu:	territorio que incluye todas las realidades físicas y espirituales.
Machi:	principal autoridad espiritual mapuche.
Machitun:	rito de sanación mapuche.
Matetun:	tomar mate.

Menoko:	espacios sagrado, donde hay agua, determinadas hierbas y fuerzas espirituales.
Ngolngol:	plato ceremonial.
Ngen:	fuerzas cuidadoras de la diversidad de vidas en la naturaleza.
Ñuke Mapu:	Madre Tierra.
Peñi:	hermano.
Puelmapu:	territorio mapuche que hoy está ocupado por Argentina.
Püllu:	espíritu.
Purrun:	danza, baile.
Ruka:	casa.
Trayenko:	caída de agua.
Tren Tren:	loma o cerro sagrado.
Wallmapu:	la totalidad del territorio mapuche.
Weichafe:	un tipo particular de guerrero mapuche.
Weichan:	rebelión.
Wingkas:	término usado antiguamente para designar al invasor, hoy también se refiere al no mapuche.

AGRADECIMIENTOS

Al *Lonko* don Teodoro Huenuman y su señora la *Papay* Marcelina Antivil (ambos partieron al *wenu mapu*) y a sus hijas, yernos, nietos y nietas. A través de ellos, a todas las familias de Tirua con las cuales hemos caminado juntos. A nuestras familias por su cariño y aliento, a la Compañía de Jesús por su compromiso en este territorio y a la Red de Observatorios de la Deuda Social de América Latina ODSAL, por apoyar esta publicación. A nuestro colegas de la Universidad Alberto Hurtado, Manuel Fuenzalida, Rosa María Olave, Tony Mifsud sj, Esteban Valenzuela, Natalia Hernández, Juan Carlos Skewes, Constanza Lobos y Diego Gálvez, al Centro Universitario Ignaciano y a todos los estudiantes y tesistas que han colaborado con nosotros y el territorio. A quienes más han sufrido con el conflicto del Estado de Chile con el Pueblo Mapuche, y en especial a las comunidades que resisten y luchan incansablemente por sus legítimas demandas por reconocimiento, auto-determinación y territorio.

JESUITAS DE TIRUA
Casilla 20, Tirua, Región del Biobío, Chile.
http://territorioenconflicto.jesuita.cl/

CENTRO FERNANDO VIVES S.J -
UNIVERSIDAD ALBERTO HURTADO
Almirante Barroso 40, Santiago,
Región Metropolitana, Chile.
www.uahurtado.cl/fernando-vives-sj

RED DE OBSERVATORIOS DE LA DEUDA SOCIAL
DE AMÉRICA LATINA, ODESAL
Alicia M. de Justo 1.500, Buenos Aires, Argentina.
Edificio San Alberto Magno 4º piso, oficina 462.
www.odesal.oducal.com

www.ingramcontent.com/pod-product-compliance
Lightning Source LLC
Chambersburg PA
CBHW030312160726
47992CB00005B/1975